누가 봐도
재미있는 김종성
한국사 ❹

남북국의 사회와 문화

누가봐도

재미있는 김종성

한국사 4

김종성 지음

미다스북스

역사는 과거와 현재가 나누는 끊임없는 이야기다

영국의 역사학자 에드워드 카Edward Hallett Carr는 "역사란 과거와 현재의 끊임없는 대화다."라고 말했다. 그의 말대로 역사란 어제의 삶을 살았던 사람들과 오늘의 삶을 살아가고 있는 사람들의 대화라고 할 수 있다.

문제는 어제의 삶을 살았던 사람들과 오늘의 삶을 사는 사람들이 대화를 나누는 '어제의 언어'와 '오늘의 언어' 사이에 '소통의 장벽'이 있다는 사실이다.

20세기를 전후하여 역사는 '전문가들을 위한 과학'으로 변모했다. '역사의 과학성'을 지나치게 주장하다 보니 역사서는 '역사의 문학성과 설화성'을 잃어버렸다. 영국의 역사학자 트레벨리언George M. Trevelyan은 "역사의 불변의 본질은 이야기에 있다."라고 말하면서 역사의 설화성을 강조했다. 역사의 문학성과 설화성을 잃어버린 역사서는 독자들로부터 외면을 받게 된다. 역사서는 지루하지 않아야 하고 현장에서 일어나는 일들이 독자들에게 생생하게 전달되어야 한다.

아무리 좋은 내용을 담고 있는 역사책이라 하더라도 독자들이 읽어서 이해할 수 없다면 지은이의 책무를 다하지 못한 것이라고 볼 수 있다. 필자는 누구나 읽어 이해할 수 있도록 한국사를 쉽고 재미있게 쓰려고 마음먹고 지난 20여 년 동안 자료를 수집하고, 많은 문헌을 읽어 왔다.

어제의 삶을 살았던 사람들이 사용했던 '어제의 언어'와 오늘의 삶을 살아가는 사람들이 사용하는 '오늘의 언어' 사이에 가로놓인 '소통의 장벽'을 걷어내기 위해 역사가의 주기능의 하나인 '설화의 기술art of narrative'을 최대한 살려 한국사를 쉽고 재미있게 집필하고자 했다.

오래 전에 그 일부를 출간했던 '인물한국사 이야기 총서'를 저본으로 하여, 역사의 문학성과 설화성의 전통을 되살려 『누가 봐도 재미있는 김종성 한국사 ④ 남북국의 사회와 문화』를 집필했다. 『삼국유사』와 『삼국사기』 등 국내외의 역사서에 나오는 거의 모든 기록과 '역사의 과학성'이 풍부하게 담긴 학계의 최신 연구 성과를 골고루 반영하여 한국사 전체는 물론 한국문학사의 영역까지 포함하여 지루하지 않고 생동감 있게 서술하고자 애썼다.

총 10권으로 구성된 『누가 봐도 재미있는 김종성 한국사』는 교과서 한국사를 공부하는 중학생이나 수능 한국사를 대비하는 고등학생들은 물론 한국사 인증시험을 준비하는 수험생들과 한국사를 보다 잘 이해하고자 하는 일반인들이 한국사를 소설처럼 쉽고 재미있게 읽을 수 있도록 집필했다.

한국사를 잘 이해하는 길은 한국사의 맥락을 '이야기'를 통해 짚어나가는 습관을 기르는 것이다. 독자들이 한국사 속에서 실제적인 삶을 살았던 인물들과 그들이 살아가야 했던 시대의 사회·문화에 대해 흥미와 친근함을 느껴야 한다. 한 편의 대하소설처럼 전개되는 이 책을 통해 해당 시대의 인물들과 그 시대의 사회·문화 속에서 끊임없이 대화하고 소통해 보기 바란다.

2018년 3월 용인 호수마을에서

지은이 김종성

일러두기

– 이 책을 읽는 법

이 책은 방대한 역사적 자료와 기록에 근거하여 이야기로 풀어 쓴 한국사이면서, 중·고등학교 교육과정에 수록된 문학 작품을 곁들여 수록하였습니다.

1. [조금 더 알아보기]는 해당 부분에 대한 설명이나 자료가 추가된 보충 내용입니다. 자세한 설명이나 다양한 자료가 필요하신 분들은 읽어 보세요.
2. [한층 더 깊이 읽기]는 해당 부분에 덧붙여서 읽어볼 만한 심화 내용입니다. 더 풍부한 내용이 궁금하신 분들은 읽어 보세요.
3. [술술 훑어보기]는 이야기에 등장하는 왕의 주요 업적과 통치 시기의 주요 사건을 시간 순으로 정리해 놓은 부분입니다. 전반적인 이야기의 흐름을 짚어 볼 때 활용하세요.
4. [한눈에 요약하기]는 각 챕터나 장의 내용을 일목요연하게 정리한 부분입니다. 주제별 마인드맵이나 시대별 연보 등으로 구성되어 있습니다. 읽은 내용의 중간 점검 혹은 시험 대비 정리가 필요할 때 활용하세요.
5. 페이지 하단의 [용어 풀이]는 본문 중 생소한 단어의 뜻, 한자 용어, 옛 지리명 등을 풀이한 내용입니다. 해당 단어의 왼쪽 윗첨자에 작은 동그라미 표시(·)가 되어 있으니 참고해 주세요.

차 례

1부

남북국의 발전

2부

통일 신라의 문화

3부

신라의 쇠퇴와 후삼국 시대의 전개

1부

남북국의
발전

1장 북국 발해의 정치·사회와 문화

• **상경 발해 왕궁터**
1,300년 전 웅혼했던 발해의 기상이 깃들었던 수도 상경용천부.
지금은 풀과 나무만 남았다.

대조영은 영주와 천문령을 거쳐 동모산에서 발해를 건국했다.

1. 발해의 성립과 발전

당나라에 대항한 고구려 · 거란 · 말갈의 유민들

북으로, 북으로 가는 행렬이 길게 이어졌다. 당나라로 향하는 이 행렬 속에 걸걸중상과 그의 아들 대조영도 섞여 있었다.

"조영아, 다리가 아프지 않느냐?"

걸걸중상이 뒤돌아보며 물었다.

"괜찮아요. 아버지."

대조영이 흰 이를 드러내고 웃어 보였다.

마침내 고구려 유민들이 닿은 곳은 요하의 서쪽 영주라는 곳이었다. 그곳으로 끌려간 사람들은 고구려 사람들뿐만이 아니었다. 거란 사람도 있었고, 말갈 사람도 있었다. 그곳에서 그들은 농사를 지으며 겨우겨우 입에 풀칠을 하며 살았다. 그러나 흉년이 계속 들자 그들은 굶주리게 되

• 영주 : 지금의 중국 요녕성 조양시

17

었다. 거란인들이 관아에 가서 먹을 것을 달라고 호소했으나, 당나라 벼슬아치들은 오히려 타박만 했다.

이진충과 손만영이 이끄는 거란인들은 손에 곡괭이와 몽둥이를 들고 몰려가 관아에 불을 질렀다. 당나라 군사들과 거란인들 사이에 싸움이 벌어지자, 말갈인들과 고구려 사람들도 들고일어나 당나라군과 싸웠다.

"우리의 원수 조문홰를 잡아라!"

성난 군중들은 조문홰를 찾아 나섰다. 구석진 방에 숨어 있던 그는 군중들이 휘두른 몽둥이에 맞아 목숨을 잃었다.

이 싸움에서 반란군은 큰 승리를 거두었다.

"아버지, 이곳에 가만히 있을 게 아니라 당나라군과 싸워야 합니다."

대조영이 말했다.

"네가 무슨 말을 하려는지 알겠구나. 머지않아 당나라 군사들이 몰려올 것이다. 여기는 위험하다. 우선 동쪽으로 빠져 나가 자리를 잡고 장기적으로 당나라 군사들과 싸워야 할 것 같다."

걸걸중상이 대조영을 바라보았다.

걸걸중상과 대조영은 말갈의 추장 걸사비우와 함께 고구려인들과 말갈인들을 거느리고 영주를 떠나 동쪽으로 이동하였다.

천문령에서 당나라를 격퇴한 대조영

고구려가 다시 일어나는 것에 두려움을 느끼고 있던 당나라는 대조영을 진국공에, 걸사비우를 허국공에 봉하고 회유하여 당나라 세력 아래에 두려고 하였으나 그들은 거부하였다. 당나라는 거란군을 격파한 다음, 거란족 출신 장군 이해고로 하여금 군사들을 이끌고 가 반란군들을 공격하도록 했다. 고구려인들과 말갈인들은 당나라 군사들을 맞이하여 싸웠으나, 전투에서 크게 패하여 걸사비우가 죽고 말았다.

"여기서 계속 당나라 군사들과 싸우다가는 우리가 모두 죽을지도 모르겠다. 빨리 동쪽으로 가자!"

걸걸중상은 군사들을 이끌고 계속 동쪽으로 나아갔다. 당나라의 세력이 미치지 않는 압록강 상류 지역으로 가기 위해서였다.

추장을 잃은 말갈인들이 고구려인들의 뒤를 따랐다. 영주에서 압록강 상류 지역까지는 머나먼 길이었다. 게다가 당나라 군사들이 뒤쫓아 오고 있었다. 걸걸중상은 군사들을 독려해 산을 넘고 물을 건너 밤낮으로 걸었다. 그러나 걸걸중상은 이미 늙어 쇠약한 몸이었다. 그는 그만 병을 얻어 쓰러지고 말았다.

"조영아, 내가 이룩하지 못한 것을 네가 반드시 이룩하도록 해라. 잃어버린 우리 고구려를 다시 꼭 일으켜야 한다!"

"아버지! 앞일은 염려마시고 편안히 눈을 감으십시오."

걸걸중상이 죽자 대조영은 군사들과 백성들을 이끌고 계속 동쪽으로 나아갔다. 그들은 마침내 천문령에 이르렀다. '천문령'은 사방이 산으로 빙 둘러싸여 있어 매우 험한 곳으로, 사람과 말이나 수레가 지나다니기 어려운 곳이었다.

이해고가 이끄는 당나라 군사들이 ˙천문령으로 들이닥쳤다. 이해고는 당나라군의 숫자가 많은 것을 믿고 의기양양했다.

대조영은 적은 숫자로 당나라 군사들을 이길 수 없다는 것을 잘 알고 있었다. 그래서 그는 험난한 산세와 울창한 숲을 이용하여 당나라군을 물리칠 계교를 짰다. 그는 당나라 군사들을 산세가 험하고 숲이 울창한 곳으로 유인했다. 당나라 군사들이 숲속으로 밀려왔다. 나무와 바위틈에 숨어 있던 고구려와 말갈 군사들은 일제히 화살을 쏘아 댔다. 당나라 군사들이 비명을 지르며 쓰러졌다.

"이때를 놓치지 말고 공격하라!"

대조영이 칼을 휘두르며 앞으로 달려 나갔다.

당나라 군사들은 크게 패하여 후퇴했다.

빛나는 승리를 거둔 대조영은 군사들을 백두산 동쪽으로 옮겨 가서 동모산 기슭에 자리를 잡았다. 그리하여 남쪽에는 통일 신라가, 북쪽에는 발해가 함께 존재하는 남북국의 형세가 이루어지게 되었다.

대조영이 새로운 나라를 세웠다는 소문이 퍼지자, 말갈족의 여러 부족

• 천문령 : 지금의 휘발하와 혼하 중간에 위치한 장령자 부근의 분수령

들과 고구려 유민들이 속속 모여들었다. 게다가 때마침 몽골 고원에 있던 돌궐이 당나라의 요서 지방을 차지해 버렸다. 이 틈에 진나라는 고구려의 옛 땅 대부분을 차지하게 되었다. 그뿐만이 아니었다. 진나라는 이렇다할 세력이 없었던 연해주 지방까지 차지했다.

719년 대조영이 죽었다. 그에게 고왕이라는 *시호가 붙었다.

동모산 기슭에 발해를 건국한 대조영

고구려가 멸망하자 고구려의 유민들은 여러 갈래로 흩어졌다. 당나라는 고구려를 정복한 뒤 평양에다 안동도호부를 두고 옛 고구려 땅을 다스릴 생각을 했다. 당나라는 일부 귀족층과 고구려 백성들을 자기 나라의 영토에다 분산시켜 살게 하는 정책을 폈다. 옛 고구려 땅을 더 쉽게 지배하기 위해서였다. 당나라는 고구려 유민들을 계속하여 강제 이민시켰다. 특히 고구려 유민들이 요동 지방을 중심으로 당나라에 대한 저항을 계속하자, 당나라는 보장왕을 요동도독으로 임명하고 친당적인 소고구려국小高句麗國을 세우기도 했다. 그러나 당나라의 고구려 민족 분열 정책은 오히려 고구려 유민들에게 동족 의식을 더 강화시켜 주는 결과를 가져왔다.

대조영은 동모산 기슭에 나라를 세우고 왕위에 올랐다. 동모산 기슭은 지금의 중국 길림성 돈화 부근으로 동간도 서편에서 두만강으로 흐르는 해란하 기슭의 서고성자였다. 대조영은 나라 이름을 진震이라 하고 연호

* 시호 : 선왕의 공덕을 기리어 붙인 이름

21

를 천통이라고 하였다. 그때가 대체로 698년 무렵으로 여겨진다.

진나라는 돌궐과 국교를 맺고 신라와도 통교하였다. 당나라는 진나라를 쉽게 굴복시킬 수 없음을 알고, 시어사 장행읍을 진나라에 보내어 화해를 청했다.

당나라는 대조영을 발해군왕으로 책봉하였다. 당나라가 이제 정식으로 대조영을 발해의 임금으로 승인한다는 뜻이었다. 이때부터 진나라는 나라 이름을 발해로 고쳤다.

당나라 등주를 공격한 발해 무왕

발해의 제2대 왕인 무왕은 이름이 대무예로 대조영의 큰아들이었다.

726년 무왕은 부여의 유민들이 ˙나하를 건너가 건국한 나라인 ˙두막루와 말갈의 여러 부족을 병합하였다.

"흑수말갈이 우리나라 국경을 거쳐서 처음으로 당나라와 서로 통하였다. 지난날 돌궐에게 ˙토둔을 청할 때도 모두 우리에게 먼저 알리고 함께 갔었다. 이제 흑수말갈이 뜻밖에 바로 당나라에게 벼슬아치를 청하였으니, 이것은 틀림없이 흑수말갈과 당나라가 서로 짜고 앞뒤로 우리나라를 공격하려는 속셈이다!"

무왕은 아우인 대문예 등으로 하여금 흑수말갈을 치도록 했다.

• 나하 : 눈강 하류
• 두막루 : 오늘날의 중국 하얼빈 부근
• 토둔 : 징세 감독관

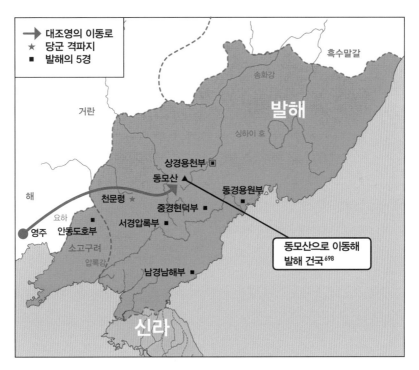

발해의 건국 과정

발해

흑수말갈

송화강

거란

싱하이 호

상경용천부 ■

동모산 ▲

동경용원부

해

천문령 ★

중경현덕부 ■

요하

서경압록부 ■

영주

안동도호부 ■

소고구려

압록강

남경남해부 ■

신라

동모산으로 이동해
발해 건국[698]

→ 대조영의 이동로
★ 당군 격파지
■ 발해의 5경

대문예는 일찍이 볼모로 당나라 수도에 가서 머문 적이 있기 때문에 그쪽 사정에 누구보다도 밝았다. 그는 발해의 국력으로 당나라를 친다는 것은 계란으로 바위를 치는 것처럼 무모하다는 것을 알고 있었다.

"흑수말갈이 당나라의 벼슬아치를 요청하였다 하여 그들을 바로 공격하고자 한다면 이것은 당나라를 저버리는 것입니다. 당나라는 백성도 많고 군사도 강합니다. 우리나라와 비교할 수도 없습니다. 그러한 당나라와 하루아침에 원수를 맺는다면 스스로 멸망을 부를 뿐입니다. 지난날 고구려가 가장 번성했을 때 군사가 30만 명이었습니다. 당나라에 맞서 싸워 복종을 하지 않다가, 당나라 군사들이 한 번 덮치자 땅을 쓴 듯이 멸망하여 버렸습니다. 오늘날 발해의 백성이 고구려의 3분의 1도 못 됩니다. 그런데도 당나라를 저버리려 하다니, 이 일은 옳지 못한 일입니다."

대문예가 흑수말갈 정벌을 반대하고 나섰다.

그러나 무왕은 대문예의 말을 듣지 않고, 기어이 군사를 출동시키라고 명령했다.

대문예가 이끄는 군사들이 국경에 이르자, 그는 다시 무왕에게 출정을 중지해 달라는 내용의 글을 무왕에게 올렸다.

"이놈이! 그만큼 이야기했는데도 또 이따위 글을 올리다니. 이놈은 친당파임에 틀림없다!"

무왕은 크게 화를 냈다.

무왕은 형 대일하를 보내 대문예를 대신해 군사들을 지휘하도록 하고, 대문예를 불러올려 죽이려 하였다. 대문예는 무왕의 의도를 눈치채고서 군사들을 버리고 샛길로 도망쳐 당나라로 향했다.

당나라 현종은 대문예에게 좌효위장군이라는 높은 벼슬을 주었다.

얼마 후 무왕은 당나라에 사신을 보내어 대문예의 죄상을 낱낱이 알리고, 그를 죽여 달라고 요청하였다. 현종은 몰래 대문예를 °안서 지방으로 보내, 안전하게 지내게 했다. 그리고 발해에 사신 이도수를 보내 무왕에게 편지를 전하도록 했다.

"문예가 먼 곳에서 투항해 왔으므로 의리상 죽일 수가 없었다. 지금 영남으로 귀양 보냈는데 벌써 길을 떠났다."

아무래도 현종이 거짓말을 하고 있다고 생각한 무왕은 신하들을 시켜 알아보도록 했다. 신하들의 보고를 종합해, 무왕은 현종이 거짓말을 하고 있다고 결론을 내렸다.

"큰 나라는 남에게 신의를 보여야 하거늘 어찌 거짓을 일삼는단 말입니까? 대문예는 °영남으로 떠나지 않았다고 들었습니다. 앞서 청한 대로 그를 죽여 주시기 바랍니다."

당나라 현종은 이도수가 나랏일을 누설하였다 하여 죄를 뒤집어씌워

• 안서 지방 : 지금의 중국 신강성
• 영남 : 현재의 중국의 광동성 일대

좌천시켜 버렸다. 그리고 대문예를 영남 땅으로 피신시켰다.

무왕은 원한을 풀지 못하고 몰래 자객을 보내 대문예를 죽이려 하였다. 그러나 대문예는 자객을 물리쳐 죽지 않았다. 오히려 당나라 현종은 자객들을 모두 잡아 죽이도록 했다.

732년에 무왕은 격분하여 장군 장문휴로 하여금 군사들을 이끌고 바다를 건너 당나라 등주를 공격하도록 하였다. 발해 군사들은 산동반도에 상륙하여 당나라 군사들을 물리치고 ˙등주자사 위준을 죽였다.

보고를 들은 당나라 현종은 우영위장군 갈복순을 보내 발해 군사들을 막게 하였다. 갈복순이 이끄는 당나라 군사들이 산동 반도에 도착하기 전에 장문휴가 이끄는 발해 군사들은 발해로 철수하였다.

당나라 현종은 대문예로 하여금 유주에 가서 군사를 모아 고구려를 치도록 하고, 신라에 사신을 보내 남쪽에서 발해를 치도록 했다.

733년, 당나라의 사주를 받은 신라의 성덕왕이 김사란을 시켜 발해의 남쪽 국경 지방을 공격하도록 했다. 김사란은 일찍이 당나라에 건너가 태복원외경의 관직을 지낸 사람이었다.

당나라 현종은 대동강 이남의 땅을 신라의 영토로 인정해 줄테니 그 대신에 발해를 계속 공격하라고 신라를 꼬드겼다.

• 등주 : 지금의 중국 산동성 봉래시

영토를 크게 늘린 무왕

무왕은 아버지 대조영 못지않게 영특하고 용기와 기상이 뛰어났다. 인안이라는 독자적인 연호를 세우고, 두막루를 합병하는 등 영토를 크게 늘렸다.

송화강 하류에서 흑룡강 유역에 걸쳐 거주하고 있던 흑수말갈이 독자적으로 당나라에 사신을 보내어 조공했다. 그러자 당나라는 그 땅을 흑수주로 삼아, 장사를 책임자로 보내어 다스리게 하였다. 흑수말갈이 발해의 허락도 없이 당나라에 귀속하자, 발해의 무왕은 크게 화를 내고 당나라 등주를 공격했다.

당나라는 신라를 통해 발해를 견제했고, 발해는 일본과 통교하여 신라를 견제했다. 무왕은 당나라와 분쟁이 계속되자, 일본에 사신을 보냈다. 이때 무왕은 일본에 보낸 편지에서 발해가 고구려를 계승하였음을 밝히고, 우호 관계를 맺자고 제의하였다. 일본과의 화친에 성공한 발해는 등주 공격을 중지하고 당나라와 다시 국교를 맺었다. 발해는 등주에 발해관을 두었다. 발해는 그곳을 통해 당나라에 모피, 인삼, 말 등을 수출하고, 비단, 실, 서적. 명주와 곡식 같은 것을 당나라에서 수입하였다.

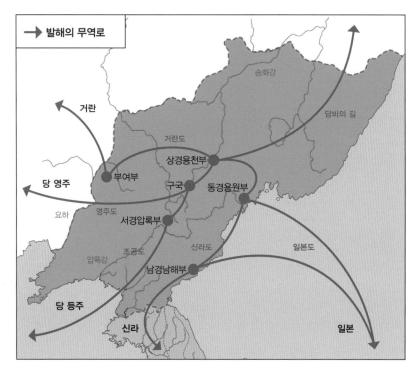

발해의 무역로

2. 발해의 융성과 쇠퇴

상경용천부로 천도하고 당나라 문물을 적극 수용한 문왕

무왕은 흑수말갈을 토벌하지 못하고 왕위에 오른 지 19년 만에 세상을 떠났다. 그의 아들 대흠무가 왕위에 올랐다. 그가 바로 문왕이었다. 문왕은 무왕의 아들로 이름은 대흠무이다.

조금 더 알아보기

「정효공주 묘비」에서 알 수 있는 발해의 존호 사용

1980년에 중국 길림성 화룡현 용두산 기슭에 있는 정효공주 묘에서 발견된 「정효공주 묘비」에 '대흥보력금륜성법대왕大興寶曆金輪聖法大王'이라는 존호尊號를 사용했다고 새겨져 있다. 존호는 왕이나 왕비의 덕을 칭송하여 올리던 칭호이다.

762년, 당나라는 발해를 종래 '발해군渤海郡'이라고 호칭하던 것을 '발해국渤海國'으로 바꾸고 문왕을 발해국왕으로 책봉했다. 문왕은 연호를 대흥이라 했다. 문왕은 774년에 당나라에 사신을 보내어 『당례』, 『한서漢書』, 『진서晉書』 등을 구하고자 했다. 연호를 보력으로 고쳤다가 다시 대흥이라는 연호를 사용했다.

문왕은 지배 체제를 정비하고, 문왕은 57년 동안 61회 이상의 사신을 당나라에 파견하여 당나라와 친선관계를 유지하면서 당나라의 문물을 적극적으로 수용하여 발해 문화 발전에 이용하였다. 그는 대조영 이래 30년간의 수도였던 중경에서 벗어나 상경용천부로 옮겨 국내 지배 체제를 더욱 정비하였다.

영토를 확장해 해동성국을 이룬 선왕

대조영, 즉 고왕의 아우인 대야발의 4대 손자로 알려져 있는 선왕은 이름이 대인수이다.

문왕의 뒤를 이어 왕위에 오른 선왕 때는 영토가 동북지구의 대부분과 연해주까지 확장되게 되었다. 이 무렵 발해는 당나라로부터 '바다 동쪽의 세력이 왕성한 나라'라는 의미를 가진 해동성국海東盛國이라는 칭호를 듣게 되었다.

• 상경용천부 : 지금의 목단강 유역

나는 문왕! 발해랑 당나라랑 잘 지내봅시다!

문왕은 당나라와 친선 관계를 유지하며 문물도 적극적으로 받아들였다.

발해는 선왕 대에 이르러 내분을 수습하고 정복 활동을 활발히 벌였다. 『신당서』 「열전」 '북적 발해조'에 "대인수가 바다 북쪽의 여러 지역을 토벌하여 땅을 넓게 차지하는 데에 공을 세웠다."라는 기록이 있다. 『요사遼史』 「지리」 '동경도조'에도 "당나라 원화 연간에 발해 왕 대인수가 남쪽으로 신라를 평정하고 북쪽으로 여러 지역을 공략하여 군과 읍을 설치했다. 그에 따라 지금의 이름이 생기게 되었다."라는 기록이 있다. 당나라 원화 연간은 806년에서 820년 사이의 기간이다.

거란에 항복한 발해의 마지막 왕, 애왕

15대 애왕의 이름은 대인선이다.

9세기 후반 들어 당나라가 쇠약해지자, 916년 야율아보기가 거란을 통일하여 요나라를 세우고 황제의 자리에 올랐다. 위기가 닥쳐오고 있다는 것을 느낀 애왕은 신라의 도움을 받기 위하여 신라로 사신을 파견했다.

당나라를 정복하기 위하여 발해를 먼저 공격하여 배후 세력을 없애야겠다고 마음먹은 야율아보기는 대대적인 공격에 나서 926년 발해 서부 지역의 *부여성을 함락시킨 뒤 발해의 수도 *홀한성을 포위했다. 수도가 포위당한 지 며칠 만에 애왕이 이끄는 발해 군사들은 항복했다. 발해는 대조영이 나라를 세운 지 229년 만에 멸망했다.

발해는 선왕 이후 점차 국력이 약해졌다. 9세기 후반에 접어들어 발해의 왕족들은 서로 왕위에 오르려고 다툼을 벌였다. 왕위 쟁탈전이 격화되자 발해는 혼란 속으로 빠져들었다. 마지막 왕인 애왕에 이르러 발해의 혼란은 되돌릴 수 없을 만큼 악화되었다.

• 부여성 : 지금의 중국 동북지구 농안農安
• 홀한성 : 상경용천부

중국에서는 907년에 당나라가 멸망하고 5왕조와 10나라5대 10국가 서로 다툼을 벌이는 혼란한 상황이 계속되었다. 이러한 틈을 타 야율아보기가 거란 부족을 통합하고 대규모 정복 활동을 시작하는 등 세력을 키워 나갔다. 거란의 공격을 받은 발해는 상경용천부가 함락되자 항복하고 말았다.

 조금 더 알아보기 | 발해 멸망 후 발해 유민과 거란의 행보

926년 발해를 무너뜨린 거란은 옛 발해의 영토를 다스리기 위해 발해의 옛 땅에 동쪽의 거란이라는 뜻을 가진 동단국東丹國을 세웠다. 그러나 동단국은 이름뿐이었고 실권은 요나라 황제가 가지고 있었다.

한편, 발해 멸망 후 발해인과 그 유민이 발해를 계승한 국가를 세우려는 부흥 운동이 여러 곳에서 일어났다. 후발해, 정안국, 흥요국, 대발해국 등을 세워 발해 유민들이 부흥 운동을 전개하자, 928년 거란은 유민들을 요동으로 강제 이주시켰다.

고왕 원년698년, 대조영이 진震을 건국하고 연호를 천통이라고 했다.

고왕 16년713년, 당나라가 대조영을 발해군왕으로 책봉했다. 나라 이름을 발해로 고쳤다.

무왕 8년726년, 무왕은 두막루와 말갈의 여러 부족을 병합했다.

무왕 14년732년, 무왕은 당나라 등주를 공격하도록 하였다.

문왕 25년762년, 당나라가 문왕을 발해국왕으로 책봉했다. 연호를 대흥이라 했다.

문왕 38년774년, 연호를 보력으로 고쳤다가 다시 대흥이라는 연호를 사용했다.

3. 발해의 문화와 사회

융합적이고 복합적인 발해 문화

발해의 문화는 고구려 문화를 바탕으로 하여 당나라의 문화를 수용하고, 말갈 문화를 흡수하여 융합적이고 국제적인 복합 문화를 이루었다. 고구려 고분에서 보이는 모줄임천장 구조를 갖춘 정혜공주 묘는 굴식 돌방무덤 양식이고, 벽돌무덤으로 축조된 정효공주 묘는 당나라와 고구려의 무덤 양식이 혼합되어 있다.

고구려 고분 벽화와 비슷한 정효공주 묘의 벽화, 온돌 장치, 궁궐과 절터에서 나온 연꽃무늬 기와, 불상, 토기 등은 고구려 문화의 영향을 받았다. 당나라의 장안성을 본떠 외성을 쌓고, 주작대로를 내고, 안에 궁궐을 세운 상경성은 당나라 문화의 영향을 받았다.

• 주작대로 : 발해의 수도 상경용천부 옛 터 중앙부에 있는 도로 이름

발해의 건국 초기에는 불교가 널리 전파되지 않은 것으로 보인다. 문왕이 왕위에 있던 시기에 이르러 불교가 융성기를 맞았다. 발해의 승려로는 석인정·석정소·살다라·재웅 등이 발해의 대외 관계와 관련하여 그 행적이 기록에 남아 있다.

발해의 통치 체제 − 3성 6부 제도

왕을 중심으로 하는 중앙 집권적 지배 체제를 갖추고 있던 발해는 당나라의 3성 6부 제도를 수용하여 중앙의 정치 조직을 만들었다. 그러나 정당성·선조성·중대성의 3성 중에 정당성의 장관인 대내상이 국정을 총괄했다는 점, 충부·인부·의부·지부·예부·신부 등 정당성 아래에 설치되어 행정 실무를 담당하는 6부의 명칭을 유교 덕목을 나타내는 유교식으로 정했다는 점, 또 감찰의 역할을 하는 중정대와 교육 기관인 주자감이 있었다는 점 등으로 볼 때 그 명칭과 운영 방식은 발해만의 독자성을 지니고 있었다는 것을 알 수 있다.

발해의 지방 행정 조직은 5경 15부 62주로 조직되었다. 지방은 요충지에 상경용천부·중경현덕부·동경용원부·서경압록부·남경남해부 등 5경, 즉 5개의 수도를 두었다. 또한 지방 행정 중심지에는 15부를 두었으며, 그 아래에 62주를 두고 지방관을 파견하였다. 그러나 말단 촌락은 토착 세력이 다스릴 수 있게 했다는 특징이 있다. 지방 행정의 말단 조직인 촌락은 주로 말갈족으로 구성되어 있었다. 말갈의 전통과 풍습을 받아들여 고구려인과 말갈인을 융합하려는 목적으로 토착 세력인 말갈 촌장

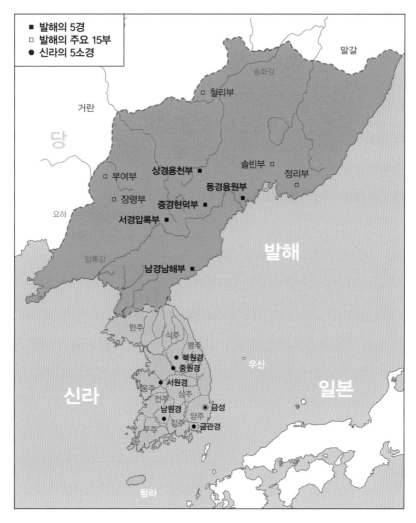

발해의 5경

령이 촌락을 자치적으로 다스리도록 했다.

발해의 군사 기구는 중앙군으로 10위를 설치하여 왕궁과 수도의 경비와 방어를 맡겼고, 지방 행정 기관에 지방군을 편성하여 지방관이 지휘하게 했다.

발해의 학문과 유학

발해는 유학을 중요시하여 통치 이념에 반영했다. 국립 교육 기관으로 주자감을 설치하여 유학을 교육했다. 발해는 초기부터 당나라에 유학생을 파견하였다. 이들 가운데 당나라 정부가 실시한 과거인 빈공과에 합격한 사람들도 있었다.

『구당서舊唐書』에 발해에는 "자못 문자 및 서기書記가 있다."고 한 구절이 있어 주목된다. 이것은 발해가 한자를 이용해 자신들의 국사國史를 서술할 정도의 학문 수준을 가지고 있었다는 사실을 기록한 것이라고 볼 수 있다.

한편 정혜공주와 정효공주의 묘지석에 유교 경전 및 중국 역사서의 내용이 인용되어 있다. 그리고 일본의 『경국집經國集』, 『문화수려집文華秀麗集』, 『입당구법순례행기入唐求法巡禮行記』 중에는 왕효렴 · 양태사 등 발해인의 시 9수가 남아 있다. 이것은 발해의 높은 한문학 수준을 보여 주는 사례라고 할 수 있다.

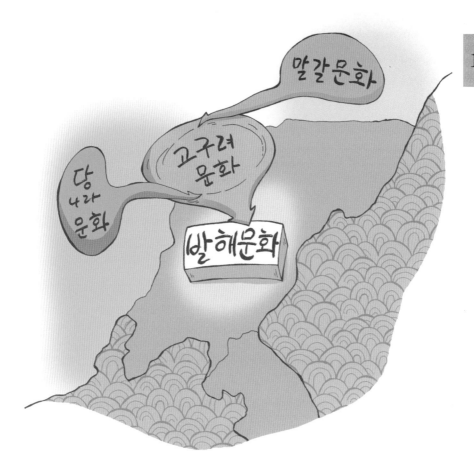

발해 문화는 고구려 문화에 당나라 문화와 말갈 문화가 융합된 복합 문화였다.

발해의 정치 · 사회와 문화 한눈에 요약하기

발해의 역대 왕

1대 고왕(대조영) 698 ~ 719	2대 무왕 719 ~ 737	3대 문왕 737 ~ 793	
발해 건국(698년 무렵). 고구려 · 거란 · 말갈 유민을 이끌고 영주와 천문령을 거쳐 동모산 기슭에 발해를 건국(처음에는 진나라).	부여 유민의 나라 두막루와 말갈의 여러 부족을 병합. 당나라 등주를 공격. 일본과의 화친에 성공 → 당나라와 다시 국교 시작 (등주에 발해관 설치)	당나라가 문왕을 발해국왕으로 책봉. 당나라와 친선관계를 유지 – 당나라의 문물을 적극적으로 수용 (발해 문화 발전에 이용). 국내 지배 체제를 정비 – 중경에서 상경용천부로 천도.	4대 대원의 793 ~ 793 5대 성왕 793 ~ 794 6대 강왕 794 ~ 809
7대 정왕 809 ~ 812 8대 희왕 812 ~ 817 9대 간왕 817 ~ 818	**10대 선왕** 818 ~ 830 내분 수습. 정복 활동 활발 (동북지구의 대부분과 연해주까지 확장). 당나라로부터 해동성국(海東盛國) 칭호 받음 (바다 동쪽의 세력이 왕성한 나라).	11대 대이진 830 ~ 857 12대 대건황 857 ~ 871 13대 대현석 871 ~ 894 14대 대위해 894 ~ 906	**15대 애왕** 906 ~ 926 발해의 마지막 왕. 9세기 후반, 당나라 쇠약. 거란 통일, 요나라 건국(916) → 위기를 느끼고 신라로 사신 파견. 요나라의 공격으로 발해 멸망(926)

발해의 통치 체제

중앙의 통치 체제
• 당나라의 3성 6부 제도를 수용(명칭과 운영 방식은 발해만의 독자성).

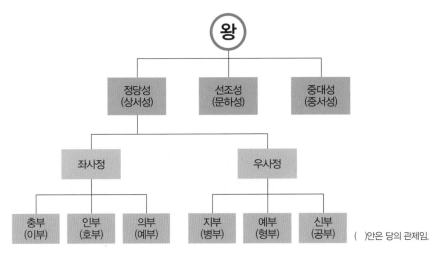

( )안은 당의 관제임.

지방 행정 조직 : 5경 15부 62주
• 5경 – 5개의 수도
• 15부 – 지방 행정 중심지
• 62주 – 지방관 파견
• 촌락 – 토착 세력인 말갈족 촌장의 자치(고구려인과 말갈인을 융합하려는 목적)

군사 기구
• 중앙군 – 10위(왕궁과 수도의 경비와 방어) • 지방군 – 지방관 지휘

발해의 문화	
고구려 문화 바탕 + 당나라의 문화 수용 + 말갈 문화 흡수 = 융합적이고 국제적인 복합 문화	
유물과 유적	**학문과 유학**
정효공주 묘 • 당나라와 고구려의 무덤 양식 혼합. 고구려 문화의 영향 • 정효공주 묘의 벽화, 온돌 장치. • 궁궐과 절터의 연꽃무늬 기와, 불상, 토기. 당나라 문화의 영향 • 상경성.	국립 교육 기관 • 주자감 설치. • 높은 한문학 수준. 초기부터 당나라에 유학생 파견 • 빈공과 합격.

• 감은사지 3층석탑

신문왕은 용으로 변신한 문무왕이 마음대로 드나들 수 있게 바다 속에 무덤을 만들고 그 명복을 빌기 위하여 감은사를 세웠다.

신문왕의 「만파식적 설화」는 왕권의 전제화를 보여 준다.

1. 통일 신라 중앙집권 체제의 강화

용에게서 옥대를 받은 신문왕

이름이 정명 혹은 명지인 신문왕은 문무왕의 맏아들이다.

신문왕 2년인 682년 여름, 5월 초하룻날이었다. 파진찬 박숙청이 궁궐로 들어와 신문왕 앞에 엎드렸다.

"상감마마, 참으로 이상한 일이 있사옵니다. 동해 바다에 한 작은 산이 감은사 쪽으로 떠내려 와서는 물결이 노는 대로 왔다 갔다 하고 있습니다."

"거 참 신기한 일이로다."

신문왕은 일관 김춘질에게 점을 쳐 보도록 했다.

• 파진찬 : 신라 17관등의 넷째 등급
• 일관 : 점을 치거나 길일을 선택하는 일을 맡아보던 벼슬아치

• 이견대

신문왕은 이견대에 올라가 바다에 떠 있는 작은 산을 바라보았다.

"돌아가신 문무왕께서 지금 바다의 용이 되어 이 삼한 땅을 눌러 지키고 계십니다. 뿐만 아니라 김유신 장군은 본래 33천의 한 분으로 지금 인간 세계에 내려 와 대신이 되었습니다. 두 분 성인聖人은 덕행이 같으신지라 지금 나라를 지킬 보물을 내리려는 것 같사오니 만일 상감마마께서 바닷가로 가시면 값으로 따질 수 없는 큰 보물을 얻을 것이옵니다."

김춘질의 이야기를 듣고 신문왕은 기뻐했다.

그 달 7일에 신문왕은 이견대利見臺에 나아가서 바다에 떠 있는 그 작은 산을 바라보았다. 그리고 사자를 보내어 잘 살펴보도록 했다. '이견대'는 『주역』의 "나는 용이 하늘에 있으니, 대인을 봄이 이로우니라飛龍在天 利見大人"에서 따온 말이었다.

"산의 모양새는 마치 거북이 머리 같고, 그 위에는 한 그루 대나무가 있어 낮에는 둘이 되었다가 밤에는 하나로 합쳐졌습니다."

사자가 신문왕에게 보고했다.

신문왕은 감은사에서 묵었다.

날이 밝았다. 그는 밖으로 나아가 섬을 다시 바라보았다. 두 개로 보이던 대나무가 하나로 합쳐져 하나가 되었다. 바람이 불고 비가 쏟아지기 시작했다. 하늘과 땅이 흔들렸다. 세상은 어둠 속으로 가라앉아 버렸다. 혼돈스러운 어둠이 7일 동안 계속되었다.

그 달 16일이 되어 바람이 잦아들고 바다 물결이 평온해졌다. 신문왕은 배를 타고 그 산으로 들어갔다. 산에 이르자, 어디서인가 한 마리의 용이 나타나 검정 옥대玉帶를 바쳤다. 옥대는 비단으로 싸고 옥으로 된 장식을 붙여 꾸민 띠로 임금이나 높은 벼슬아치가 공복公服에 두르는 것이다.

"이 산과 대나무가 갈라지기도 하고 합쳐지기도 하는 것은 무슨 까닭인가?"

신문왕이 용을 맞아 함께 앉으며 물었다.

"이것은 비유하여 말하자면, 한 손으로는 쳐도 소리가 없으나 두 손뼉을 치면 소리가 나는 것과 마찬가지입니다. 이 대나무도 마주 합한 연후에 소리가 나는 겁니다. 훌륭하신 대왕께서 소리를 다스릴 좋은 징조입니다. 상감마마께서는 이 대나무를 가져가 피리를 만들어 부십시오. 세상이 화평해질 겁니다. 이제 돌아가신 문무왕께선 바다의 큰 용이 되셨습니다. 그리고 김유신 장군은 다시 천신天神이 되었습니다. 두 분 거룩한 이들이 마음을 같이하여 이루 말할 수 없는 큰 보물을 내리시고는 저로 하여금 상감마마께 바치게 하신 것입니다."

용이 대답했다.

신문왕은 놀랍고도 기뻤다. 그는 오색 비단과 금과 옥을 용에게 주었다. 그리고 사자를 시켜 그 대나무를 베어 내게 하였다. 신문왕 일행이 대나무를 베어 가지고 바다에서 나오는 동안 그 산과 용이 홀연히 사라져 버리고는 다시 나타나지 않았다.

그날 밤을 감은사에서 묵고, 17일에 신문왕 일행은 기림사 서쪽 시냇가에 이르러 수레를 멈추고 점심 식사를 했다. 그때 태자 이공이 대궐을 지키다가 이 소식을 듣고 말을 타고 달려 와서 축하했다. 그러고는 그가 찬

• 용연

신문왕이 용에게 받은 옥대의 한 쪽을 시냇물에 담그자 용이 되어 하늘로 올라갔다. 그 곳이 연못이 되어 용연이라고 불렀다.

찬히 옥대를 살폈다.

"이 옥대의 여러 쪽들이 모두 진짜 용들입니다."

태자 이공이 말했다.

"네가 어떻게 그것을 아느냐?"

신문왕이 물었다.

"그 옥대의 하나를 베어 물에 넣어 보면 알 수 있습니다."

태자 이공이 대답했다.

태자 이공의 말대로 옥대의 왼편 둘째 쪽을 따서 시냇물에 담가 보았다. 그 옥대의 쪽은 곧 용이 되어 하늘로 올라가고, 그곳은 못이 되었다. 이 때문에 그 못을 용연龍淵이라고 이름 지었다.

신문왕 일행은 궁궐로 돌아왔다.

그 대나무로 피리를 만들어 월성의 천존고天尊庫에 간직했다. 그 피리를 불면 적군이 물러가고 병이 나았다. 가물 때는 비를 오게 하고 장마가 질 때는 비를 그치게 했다. 바람이 잦아들게 하고 파도를 잠재우기도 했다. 그래서 그 피리 이름을 '거센 물결을 자게 하는 피리'라 하여 만파식적萬波息笛이라 이름 짓고, 국보로 삼았다.

왕권의 전제화와 「만파식적 설화」

김부식은 『삼국사기』에서 왕실의 변화에 따라 신라의 역사 시기를 상대, 중대, 하대로 나누었다. 상대는 1대 혁거세거서간부터 28대 진덕여왕까지기원전 57년~기원후 654년의 771년간으로, 성골 왕통이 왕위를 독점하던 시기다. 중대는 29대 태종무열왕부터 36대 혜공왕까지654년~780년의 127년간으로, 진골 왕통인 태종무열왕계 왕실이 이어지던 시기다. 하대는 37대 선덕왕부터 56대 경순왕까지780년~935년의 156년간으로, 내물왕계 진골 왕실이 성립된 시기다.

중대 이후 전개된 중요한 정치적 변화는 왕권의 전제화專制化라고 할 수 있다. 김유신의 후원으로 왕위에 오른 무열왕은 진골 출신으로 처음 왕위에 오른 사람이었다. 태종무열왕 이후 혜공왕까지 중대 127년간은 무열왕 직계 자손인 진골들이 왕위를 이어갈 수 있었다. 이것은 전제 왕권이 확립되었음을 의미하는 것이다.

당나라의 세력을 한반도에서 몰아낸 문무왕의 뒤를 이어 왕위에 오른

• **감은사지**

신문왕은 용으로 변신한 문무왕의 명복을 빌기 위해 감은사를 세웠다.
지금은 터만 남아 있다.

신문왕은 용으로 변신한 문무왕이 마음대로 드나들 수 있게 바다 속에 무덤을 만들고 그 명복을 빌기 위하여 감은사를 세웠다.

신문왕 때에는 귀족 세력을 억누르고 관료 체제를 완비했으며, 유교 정치 이념을 내세워 전제 왕권을 확립하였다. 신문왕이 왕위에 오르던 해에 그의 장인인 김흠돌을 비롯한 파진찬 흥원, 대아찬 진공 등의 모반 사건이 있었으나 모두 평정하였다.

신문왕은 반란 사건의 주동자뿐만 아니라 단순 가담자까지 모조리 잡아다 죽였다. 이 사건을 기회로 그는 신라의 최고 관직인 상대등으로 대표되는 귀족 세력을 철저히 탄압하여, 전제 왕권의 확립을 꾀하였다.

만파식적 설화도 위의 모반 사건과 무관하지 않다. 그것에는 김흠돌의 반란 사건과 같은 일체의 정치적 불안을 진정시키려는 신문왕의 소망이 담겨 있었던 것이다. 만파식적은 악기로서 단군 신화의 천부인天符印, 진 평왕의 천사옥대天賜玉帶, 이성계의 금척金尺과 같은 신성한 물건으로 비슷 한 성격을 지니고 있다. 만파식적은 신문왕의 강력한 왕권을 상징하는 물 건이라고 볼 수 있다.

중앙집권 체제를 정비한 신문왕

한편 신문왕은 새로운 제도를 마련하여 귀족 세력을 약화시키고 왕권 을 중심으로 하는 중앙집권 체제를 정비하였다. 이로써 귀족 대표자들의 회의인 화백 회의는 그 기능이 축소되고, 의장인 상대등의 세력도 약화되 었다.

통일 신라의 중앙 행정은 집사부를 중심으로 운영되었으며, 그 장관 인 시중의 권한이 더욱 강화되었다. 신문왕은 정무 분담 기구로 통일 신 라 시대 이전에 설치했던 위화부·창부·예부·병부·이방부로 이루어 진 5부를 당나라의 육전 제도六典制度와 비슷하게 개혁하였다. 또한 위화 부령 두 사람을 두어 인재 등용에 관한 일을 맡아보게 하였다. 그리고 수 도를 '달구벌로 옮기려다가 뜻을 이루지 못했다. 그러나 수도가 나라의

• 달구벌 : 지금의 대구광역시

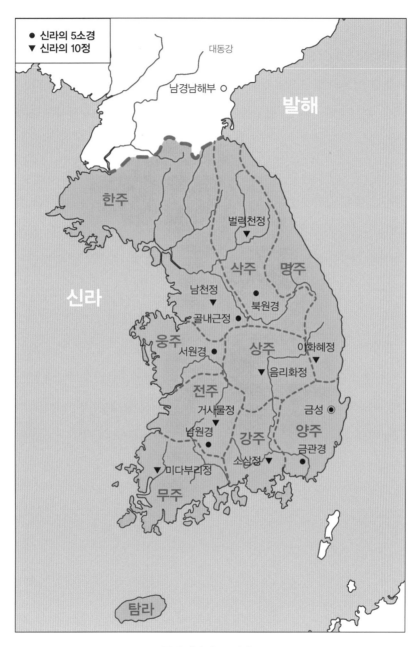

통일 신라의 5소경과 9주

한쪽 구석에 있어 불편한 점을 극복하기 위하여 ˙서원소경과 ˙남원소경을 설치하는 등 5소경五小京 제도를 정비하였다.

한편 백제와 고구려의 정복 후 넓어진 국토를 효율적으로 다스리기 위하여 ˙완산주와 ˙청주를 설치함으로서 비로소 9주九州 제도의 완성을 보게 되었다.

통일 신라는 전제 왕권을 유지하기 위하여 군사 제도를 강화하였다. 신문왕은 통일 신라 이전부터 최고 군사 조직으로서 행정 조직의 기능을 겸하고 있던 6정六停을 9개의 서당, 즉 중앙군과 10개의 정, 즉 지방군으로 확대해 개편하여 신라인을 중심으로 고구려 · 백제 · 보덕국 및 말갈인을 두루 포섭하여 9서당을 완성하였다.

끝으로 신문왕은 벼슬아치들의 ˙녹봉으로 지급하던 ˙녹읍을 폐지했다. '녹읍'의 소유권은 나라에게 있었지만 벼슬아치들은 토지로부터 조세를 거두어들일 수 있었다. 뿐만 아니라 그 토지에서 농사를 짓는 백성들의 노동력을 징발하거나 소나 말에 대한 지배권을 행사할 수 있었다. 신문왕은 녹읍을 폐지하는 대신 해마다 세조歲租를 차등 있게 지급하여 벼슬아치들의 경제적 기반을 마련해 주었다.

- 서원소경 : 지금의 충북 청주시
- 남원소경 : 지금의 전북 남원시
- 완산주 : 지금의 전북 전주시
- 청주 : 지금의 경남 진주시
- 녹봉祿俸 : 벼슬아치들에게 1년 또는 계절 단위로 나누어 주던
　　　　　　쌀 · 콩 · 보리 · 명주 · 베 · 돈 따위의 금품
- 녹읍祿邑 : 벼슬아치들에게 지급한 일정 지역의 토지

〈술술 훑어보기〉 왕권의 전제화를 보여 준 신문왕

신문왕 원년681년, 소판 김흠돌, 파진찬 흥원, 대아찬 진공 등이 반역을 꾀하다가 처형당했다.

신문왕 2년682년, 동해바다에 용이 나타나 검정 옥대를 바쳤다. 그곳의 대나무로 피리를 만들었다.

신문왕 5년685년, 9주 5소경 제도를 완성했다.

신문왕 9년689년, 버슬아치들에게 주었던 녹읍祿邑을 폐지했다.

한층 더 깊이 읽기   신라가 5소경을 설치한 이유

신라의 소경은 통일 이전에 설치된 국원소경지금의 충주시를 비롯하여 문무왕 때 북원소경지금의 원주시과 금관소경지금의 김해시이 설치되었다. 이어서 신문왕 때 서원소경지금의 청주시과 남원소경지금의 남원시이 설치되었다. 그 후 경덕왕 때 국원소경의 이름을 중원소경으로 고쳤다. 신라는 옛 고구려 · 백제 · 가야 지역의 민심을 위로하고 안정시키는 한편, 편입 지역에 대한 지배를 확고히 하고자, 옛 고구려 지역에 북원소경 · 중원소경을, 옛 백제 지역에 서원소경 · 남원소경을, 옛 가야 지역에 금관소경을 설치했던 것이다.

1부

남북국의 발전

왕권과 중앙집권을 강화한 경덕왕

제35대 왕인 경덕왕의 이름은 김헌영이다. 제33대 성덕왕의 셋째 아들이며, 어머니는 소덕왕후이다. 첫 왕비는 강릉태수 순정공의 딸이었다. 경덕왕은 오랫동안 아이를 배지 못한 왕비를 폐위시키고, 각간 의충의 딸 만월부인을 새 왕비로 맞았다.

새 왕비를 맞이한 지 여러 해가 되었으나 역시 아기가 태어나지 않았다. 경덕왕은 부부 사이가 맞지 않아 그런 것이 아닌가 하고 걱정하였다.

어느 날 경덕왕은 표훈대덕을 불렀다.

"내가 복이 없어 아직 아들을 두지 못하고 있으니, 장차 내 뒤를 어떻게 잇게 할지 걱정이오. 대덕은 부처님에게 청하여 아들을 낳아 대를 잇게 해 주오."

경덕왕이 걱정스러운 얼굴로 말했다.

표훈대덕은 온 나라의 이름난 산과 강을 돌며 하느님께 빌었다. 그리고 여러 절에서 불공도 드렸다.

"하느님의 말씀이 상감마마에게는 딸밖에 없다고 합니다."

표훈대덕이 말했다.

"그렇다면 그 딸을 남자로 환생시키는 수는 없겠소?"

경덕왕이 되물었다.

"쉬운 일이 아닙니다."

표훈대덕은 다시 이름난 산과 강을 돌며 하느님에게 딸 대신 아들을 낳게 해 달라고 빌었다.

표훈대덕이 몹시 지친 얼굴로 궁궐로 돌아왔다.

"하느님의 말씀이 딸 대신 아들로 정한다면 나라가 위태로워진다고 하옵니다."

"나라가 비록 위태로워지더라도 아들을 얻어 뒤를 이으면 만족하오."

747년, 경덕왕은 중시中侍의 명칭을 '시중侍中'으로 고쳤다. 국학에 제업박사諸業博士와 조교를 두어 유학 교육을 진흥시켰다. 경덕왕은 중앙과 지방 관리들의 월급인 월봉月俸을 없애고, 다시 녹읍祿邑을 부활시켰다. 전국 행정 체제 및 단위의 명칭을 대개는 한자식으로 개혁하고, 행정 구역을 9

조금 더 알아보기 경덕왕의 왕권 강화 정책

효성왕은 아들이 없었기 때문에, 동생 경덕왕에게 왕위가 넘어갔다. 성덕왕의 셋째 아들이었다. 당시에는 신라 중대 왕실의 전제 왕권이 새로운 귀족 세력의 부상으로 흔들리기 시작했다. 경덕왕은 왕권을 다시 강화시키기 위해 관제의 정비와 개혁 조치를 취하였다. 집사부 중시의 명칭을 시중으로 고치고, 유학 교육을 진흥시켰다. 한편 전제 왕권을 안정시킨 성덕왕의 위엄을 기리기 위하여 거대한 성덕대왕신종을 제작한 데서 그의 전제 왕권 유지 정책이 잘 나타나 있다. 『삼국사기』에 의하면 경덕왕 대에 가뭄·지진·우박 따위의 자연 재해가 특히 심했다. 오악과 삼산의 신들이 때때로 궁전 뜰에 나타나 경덕왕을 모시곤 했다는 설화는 『삼국사기』의 기록과 무관하지 않다. 5악은 동악 토함산·남악 지리산·서악 계룡산·북악 태백산·중악 팔공산을 가리키고, 3산은 내림·골화·혈례를 가리키는 곳으로 국가적으로 제사의 대상으로 삼던 곳이다.

• 내림 : 지금의 경주시 낭산 • 골화 : 지금의 영천시 금강산 • 혈례 : 지금의 청도군 부산

주 5소경으로 나누었다. 758년에는 율령박사律令博士 2명을 두었다.

관제 정비와 개혁 조치를 취한 경덕왕

신문왕이 전제 왕권專制王權의 확립을 위해 많은 노력을 기울였음에도 불구하고 전제 왕권에 반대하는 진골 귀족들의 세력은 뿌리 깊은 것이었다. 효소왕 9년인 700년에 이찬 경영이 일으킨 모반 사건 등이 그 사례이다. 성덕왕에 이어서 경덕왕은 왕권의 강화를 위한 일련의 관제 정비와 개혁 조치를 취하여 전제 왕권과 중앙집권을 강화했다. 이 무렵 정치를 개혁하는 데 중심적인 역할을 한 사람은 경덕왕과 행정 책임자였던 집사부의 중시였다. 경덕왕은 국학國學을 태학으로 바꾸고 박사, 교수 등을 두어 유교 교육을 강화했다. 한편 나라에서 벼슬아치들에게 직무의 대가로 지급한 급료로 일정한 지역의 토지에 대한 조세곡식과 세금를 거둘 수 있는 권리를 일컫는 녹읍祿邑은 신문왕 대에 일정한 양의 곡물을 매년 급료로 지급하는 보수 제도로 일시 바뀌었다가 757년에 다시 부활되었다.

· **성덕대왕신종**

경덕왕은 왕권을 안정시킨 성덕왕의 위엄을 기리기 위해 성덕대왕신종 제작을 시작
했고, 아들인 혜공왕이 완성했다.

경덕왕 6년747년, 중시中侍의 명칭을 '시중'으로 고쳤다. 국학에 제업박사와 조교를 두어 유학 교육을 진흥시켰다.

경덕왕 16년757년, 녹읍 제도를 부활시켰다. 귀족 세력의 대표인 상대등 김사인이 병이 들어 벼슬자리를 내려놓고 물러났다. 이찬 신충이 상대등이 되었다.

경덕왕 17년758년, 율령박사 2명을 두었다. 가을에 만월부인이 아들을 낳았다.

 조금 더 알아보기 농민들의 생활을 보여 주는 민정문서

경덕왕 대의 신라 사회상, 특히 농민들의 생활상을 잘 보여 주는 민정문서신라 장적가 1933년 일본 나라현 동대사 정창원에서 발견되었다. 민정문서는 경덕왕 14년755년 작성된 것으로 서원경지금의 충북 청주을 중심으로 한 4개의 촌말단 행정 구역의 호구, 토지, 수목뽕·잣·호두 가축소·말 등을 조사한 것이었다. 이것은 인적 자원과 조세원의 확보를 하기 위한 것이었다.

2. 통일 신라 왕위 쟁탈전의 전개

남북국의 발전

나이 어린 혜공왕의 즉위와 중앙 귀족의 반란

765년, 경덕왕이 세상을 떠나자 태자가 왕위에 올랐다. 그가 혜공왕이 었다. 혜공왕은 8세의 어린 나이에 왕위에 올랐으므로 만월부인이 뒤에서 정치를 돌봐 주었다. 나이 어린 혜공왕은 몸이 약하고 여자 같이 생겨, 어려서부터 여자 옷을 입고 자랐으며 여자들과 같이 장난을 하며 놀았다.

만월부인이 혜공왕 뒤에서 정치를 보살펴 주고는 있었으나 상대등 김만종과 *시중 김양상이 실제로 권력을 쥐고 나랏일을 처리했다. 시중 김양상은 내물마립간의 10대손이었다. 이 무렵 신라 조정의 높은 벼슬은 태종무열왕 김춘추가 아닌 다른 왕의 핏줄이 거의 다 차지하고 있었다. 단지 임금과 만월부인의 일파인 *일길찬 김대공만이 김춘추의 후손들이었

• 시중 : 집사성의 으뜸 벼슬
• 일길찬 : 17관등의 일곱째 등급. 아찬의 아래, 사찬의 위 등급

61

다. 만월부인의 친정 사람들은 김만종과 김양상이 세력을 부리고 있는 것에 대하여 항상 불만을 품고 있었다.

각간 김대공은 만월부인 편의 사람으로 김만종과 김양상이 권력을 쥐고 나라를 흔드는 것에 불만을 가지고 있었다. 그는 만월부인이 있는 태후전으로 들어갔다.

"태후마마 상대등 김만종과 시중 김양상을 억제하도록 하시기 바랍니다. 더욱이 시중 김양상은 야심을 갖고 있는 사람입니다. 이제 태종무열왕의 후손은 상감마마 한 분뿐입니다. 김만종과 김양상 무리들이 무슨 짓을 할지 모릅니다."

각간 김대공이 말을 끝내고 만월부인의 눈치를 살폈다. 각간 김대공을 바라보는 만월부인의 가슴이 울렁거렸다. 그녀는 30세를 전후하여 혼자 몸이 되었다.

"듣고 보니 그렇군요. 전에는 조정에 태종무열왕의 후손들이 많았는데 지금은 거의 없네요."

"저의 형제 이외에는 모두 김만종에게 쫓겨 나갔습니다."

각간 김대공과 만월부인은 아무도 모르게 만나 이야기를 나누는 시간이 많아졌다. 세상의 일에는 비밀이 없는 법이었다. 각간 김대공과 만월부인이 몰래 만난다는 소문이 돌았다.

• 각간 : 17관등 가운데 최고 관직

"김대공을 가만 뒀다가는 큰일 나겠어."

"없애 버려야지 그냥 뒀다간 우리가 당할 거야."

상대등 김만종과 시중 김양상 무리는 각간 김대공 일파를 공격할 계획을 짰다.

768년, 김춘추의 후손들인 혜공왕 · 만월부인 · 김대공과 다른 왕의 후손들인 김양상과 귀족들 사이에 권력 다툼이 벌어졌다. 양편의 군사들 사이에 전투가 일어났다. 이 권력 다툼의 소용돌이는 무려 33일간이나 계속되었다. 싸움은 김대공 일파에게 불리하게 전개되었다. 마침내 김만종 일파는 김대공 형제를 죽였다. 그리고 김대공 편을 들었던 귀족들을 붙잡아 대부분 죽였다. 그 숫자가 자그마치 96명이나 되었다. 거의 모두가 김춘추의 후손들이었다.

혜공왕은 궁녀들 가운데 얼굴이 예쁜 여자들을 뽑아서 자신의 둘째, 셋째 왕비로 삼았다. 나중에는 왕비의 수가 10명이나 되었다. 그는 나랏일은 돌보지 않고 오직 궁녀들과 노닥거리면서 술잔치를 벌이는 일에만 정신을 쏟았다.

774년에 김만종이 죽고 김양상이 상대등이 되었다. 김정문 등의 귀족들이 반대하고 나섰다. 김양상은 김정문 일파를 잡아다 죽여 버렸다. 신라의 정치는 상대등 김양상이 마음대로 하게 되었다. 그는 자신의 조카인 김주원에게 시중 벼슬을 주었다.

나라의 앞날을 걱정하는 진골들이 나라를 바로잡고자 서로의 뜻을 모으기 시작했다. 이찬 김지정이 그 무리의 우두머리로 나섰다. 그는 태후전으로 만월부인을 찾아갔다.

"상대등 김양상과 시중 김주원은 딴 뜻을 품고 있는 자들로 지난번 싸움에서도 우리 태종무열왕의 후손들을 전부 잡아 죽였습니다. 그 후에도 누군가가 조금만 반대하여도 자기 편이 아니라고 모조리 잡아 죽이고 있습니다. 이러다간 태종무열왕의 후손은 씨가 마를 것입니다. 김양상을 가만히 두어서는 아니 됩니다."

김지정이 머리를 조아렸다.

"그렇지만 지금 당장 김양상 무리를 어찌 하겠소!"

만월부인이 길게 한숨을 내쉬었다.

그 후 만월부인과 김지정은 자주 가만히 만났다. 이 사실이 김양상에게 전해졌다.

96명 각간의 싸움과 호족 세력의 등장

신라의 중대 사회는 진골들이 왕이 되었던 시기로 집사부, 시중 등을 중심으로 왕권이 강했던 시기이다.

8세기 후반 이후 통일 신라의 국가 기강은 해이해졌다. 혜공왕이 나라를 다스리던 시기에 이르러 96명의 각간들 사이에 권력 싸움이 치열해지고, 약한 사람은 강한 사람에게 먹히는 약육강식의 힘의 논리가 지배하는 시대가 되었다. 지방에 대한 중앙의 통제력이 약화되면서 지방에서 무력과 재력, 그리고 새로운 사상을 가진 호족 세력들이 등장하였다. 혜공왕은 왕위에 있는 동안 줄곧 중앙 귀족들의 왕위 쟁탈전에 시달렸다.

혜공왕을 죽인 상대등 김양상이 선덕왕이 되다

선덕왕의 이름은 김양상으로 내물왕의 10대손이다. 할아버지는 각간 김원훈이며, 아버지는 김효방이고, 어머니는 사소부인 김씨로 성덕왕의 딸이다.

"만월부인과 혜공왕을 그대로 두어서는 안 되겠어."

김양상은 곰곰이 생각하였다. 그는 만월부인과 혜공왕을 없애기로 결심했다. 그는 스스로 왕이 될 생각을 한 것이었다.

김양상은 자신을 도와줄 사람이 누구인가 생각해 보았다. 아무래도 이찬 김경신이 제일 믿을 만한 사람인 것 같았다. 그는 김경신에게로 갔다.

"이찬 김지정이 지금 반란을 일으키고자 한다는 소문이 있는데 어떻게 생각하오?"

김양상이 물었다.

"글쎄올시다. 아무래도 뜬소문이겠지요."

김경신은 말끝을 흐리며 김양상을 물끄러미 바라보았다. 그는 김양상이 야망을 품고 있는 게 틀림없다고 생각했다. 그는 김지정 편도, 김양상 편도 들고 싶지 않았다.

"만월부인이 김지정과 부정한 짓을 하고 있다는 소문도 있소이다. 나라를 바로잡자면 만월부인과 김지정을 가만 두어서는 안 되겠소이다. 내물왕의 후손인 우리들이 어지럽게 돌아가는 나라꼴을 가만히 보고만 있어서야 되겠소?"

"……."

"좀 도와주시오."

"그렇지만 제가 무슨 힘이 있습니까?"

김경신은 김양상에게 확실한 대답을 하지 않았다. 김양상은 김경신이 적극 반대하고 나서지 않자, 입가에 희미한 미소를 흘렸다.

"지금 당장 결정을 내리라는 것은 아니니, 천천히 생각을 해 보시기 바랍니다. 일이 잘되면 왕위가 ˙이찬에게까지도 돌아갈 줄 누가 알겠소?"

김양상이 목소리를 낮추어 속삭이듯 말했다.

"큰일 날 소리 하지 마십시오."

김경신이 손을 앞으로 내저으며 목을 움츠렸다.

김양상과 헤어져 집으로 돌아온 김경신은 목을 쓰다듬으며 생각에 잠겼다.

'김양상이 야망을 품고 있는 게 틀림없어. 김양상 편을 들어 왕과 만월부인을 몰아내는 데 끼어 볼까? 아니면 모른 척 하고 그냥 있을까?'

김경신은 손으로 다시 목을 쓰다듬었다.

• 이찬 : 17관등 가운데 둘째 등급. 잡찬의 위, 이벌찬의 아래 등급

혜공왕과 만월부인을 몰아내는 일에 성공을 한다면 김양상과 함께 권력을 잡을 수 있겠지만, 실패한다면 역적이 되어 자신은 물론 아내와 자식들 그리고 친족들까지 죽임을 당할 것이었다.

그날 밤 김경신의 방은 밤늦게까지 불이 꺼지지 않았다. 새벽 어스름이 문살에 매달릴 무렵 그는 겨우 잠이 들었다.

금성에 난리가 일어나 싸움이 벌어졌다. 시뻘건 불꽃이 궁궐을 삼키고 여기저기서 검은 연기가 치솟았다. 사람들이 이리 뛰고 저리 뛰며 아우성이었다. 김경신은 머리에 썼던 흰 두건을 벗고 흰 갓을 쓰고, 손에 12현금을 들고 천관사 우물 속으로 뛰어 들어갔다. 풍덩 물소리가 났다.

김경신은 눈을 번쩍 떴다. 온몸이 땀으로 흠뻑 젖어 있었다. 꿈이 예사 꿈이 아닌 것 같았다. 그는 하인을 시켜 점쟁이를 불러 오도록 했다.

"두건을 벗은 것은 벼슬이 떨어질 조짐이요, 12현금을 잡은 것은 칼을 쓸 조짐이요, 우물에 들어간 것은 옥에 들어갈 조짐이오."

점쟁이가 말했다.

김경신은 숨을 크게 들이쉬었다.

이때, 하인이 이찬 김지정이 반란을 일으켜서 대궐에서 전투가 벌어지고 있다고 아뢰었다. 김경신은 매우 걱정이 되었다. 그는 문을 닫아 걸고 바깥 출입을 하지 않았다.

다음날에 아찬 여삼이 찾아와 만나자고 한다고 하인이 알려왔다.

"몸이 아파 꼼짝도 못하니 다음에 오라고 해라."

김경신은 이불을 푹 뒤집어썼다.

여삼이 두 번째로 찾아왔다.

"꼭 한 번만 찾아뵙기를 원한답니다."

하인이 고개를 수그리고 말했다.

'여삼이 또 찾아왔다고? 무슨 일이 있는 게 분명해.'

김경신은 잠시 생각에 잠겼다가 이윽고 고개를 천천히 들었다.

"들라 해라."

김경신이 짧게 말했다.

"예."

하인이 재빨리 밖으로 나갔다.

"안으로 들라 하십니다."

여삼이 문을 열고 방으로 들어왔다.

김경신이 이불을 걷어내고 부스스 일어섰다.

"내가 요즈음 몸이 불편하여 사람을 만나지 않았네. 자네가 왔다고 해
서 이렇게 일어났네."

김경신이 손으로 머리를 짚었다.

"몸이 많이 불편하신 모양이십니다."

여삼이 김경신의 얼굴빛을 살폈다.

"꿈자리가 하도 뒤숭숭해서….."

김경신은 그가 꾼 꿈 이야기를 하였다.

"참으로 좋은 꿈입니다. 이찬 어른께서 만약 왕위에 올라 나를 버리시지 않으신다면 이찬 어른을 위하여 해몽을 해 드리지요."

여삼이 주위를 휘둘러보았다.

"너희들은 나가 있거라."

김경신이 하인들에게 말했다.

"두건을 벗는 것은 자기 윗자리에 사람이 없다는 것을 뜻하는 것이요, 흰 갓을 썼다는 것은 면류관을 쓸 조짐입니다. 12현금을 가지셨다는 말은 내물마립간의 12대 후손되시는 이찬 어른이 왕위에 앉을 것이라는 뜻이요, 천관사 우물에 들어간다는 것은 대궐에 들어갈 뜻입니다. 이보다 좋은 꿈이 어디 있겠습니까?"

"그래? 내 윗자리에 김주원이 있는데 어떻게 윗자리를 차지할 것인가?"

김경신이 얼굴빛을 고치며 말꼬리를 높였다.

"북천 개울에 있는 신에게 제사를 지내면 될 것입니다."

여삼이 자리에서 일어섰다.

혜공왕 16년인 780년, 이찬 김지정이 반란을 일으켜 궁궐을 침범했다. 김경신은 상대등이었던 김양상을 찾아갔다. 그는 김양상의 편을 들어 김지정을 죽이는 데 앞장섰다. 김지정이 죽자 김양상은 내친 김에 궁궐로 들어가 혜공왕과 만월부인을 죽였다. 그는 왕위를 노리고 있었던 것이다. 김양상은 스스로 왕위에 올랐다. 그가 곧 선덕왕宣德王이다.

골품제가 무너지고 지방 세력이 등장한 하대는 선덕왕부터 시작된다.

선덕왕은 김지정의 반란을 저지하는 데 김경신의 공로가 크다고 하여 상대등 벼슬을 주었다.

궁궐을 빠져나온 김경신은 여삼의 말을 곰곰이 생각해 보았다. 그가 한 말이 하나하나 맞아 들어가고 있는 게 아닌가. 그는 매일 밤 아무도 모르게 북천 개울물에 제사를 지냈다.

골품제가 무너지고 지방 호족이 등장하기 시작한 하대의 시작

골품제가 무너지고 지방의 호족이 등장한 하대 150년간 20명의 왕이 교체되었고, 그 가운데 많은 왕들이 왕위 쟁탈전의 희생자가 되었다.

내물마립간의 10대손으로 이름이 김양상인 선덕왕은 김지정이 반란을 일으키자 김경신과 함께 군사를 일으켜 김지정을 죽였다. 이때 김양상은 혜공왕과 왕족을 죽이고 스스로 왕위에 올랐다. 이로써 김춘추의 후손들은 왕위에서 영원히 사라지고 말았다.

 〈술술 훑어보기〉 왕위 쟁탈전에 휘말린 혜공왕과 하대의 시작 선덕왕

혜공왕 4년768년, 김춘추의 후손들인 혜공왕, 만월부인, 김대공과 다른 왕의 후손들인 김양상과 귀족들 사이에 권력 다툼이 벌어졌다.

혜공왕 10년774년, 김양상이 상대등이 되었다. 김정문 등의 귀족들이 반대하고 나서자 김양상은 김정문 일파를 죽여 버렸다.

혜공왕 16년780년, 김경신과 상대등 김양상이 반란을 일으킨 이찬 김지정을 죽였다. 이어 혜공왕과 만월부인을 죽였다. 김양상이 왕위에 올랐다. 선덕왕이다.

선덕왕 2년781년, 선덕왕이 패강지금의 대동강 남쪽 주 · 현 백성들의 사정을 살펴 위로했다.

선덕왕 3년782년, 한주지금의 서울 지역에 순행해 민가를 패강진으로 이주

시켰다. 패강진은 신라 때 황해도 평산 지방에 설치한 군진軍鎭으로 군사와 행정이 미분화된 특수 행정 구역이다.

선덕왕 4년783년, 김체신을 패강진 장관에 임명함으로써 개척 사업을 일단 완료하였다.

선덕왕 6년785년, 선덕왕이 왕위에 오른 지 6년 만에 갑자기 병에 걸려 다시 일어나지 못하고 세상을 떠났다. 그에게는 왕위를 이어갈 아들이 없었다.

조금 더 알아보기

왕위 계승전에서 패배한 김주원은 어떻게 됐을까?

『삼국사기』「신라본기」'원성왕조' 기사에 보면 알천의 물이 넘쳐 김주원이 궁궐로 건너올 수 없게 되어 왕위에 오르지 못한 것으로 되어 있다. 이 설화는 김주원이 김경신과의 왕위 계승전에서 패배한 사실을 말해 주고 있는 것이다.

김경신이 원성왕으로 왕위에 오른 후, 김주원은 후환이 두려워 명주에 내려갔다. 이듬해 원성왕은 그를 명주군왕溟州郡王으로 봉하고, 명주 일대를 식읍으로 주었다. 뒤에 김주원의 둘째 아들 김헌창이 아버지의 한을 풀기 위해 반란을 일으켰으나 실패하고 죽임을 당했다. 그의 손자 김범문이 다시 할아버지 김주원과 아버지 김헌창의 한을 풀어 주기 위해 다시 반란을 일으켰으나 실패하여 죽임을 당하고 말았다.

독서삼품과를 설치한 원성왕

원성왕의 이름은 김경신이고, 내물마립간의 12대손이다. 아버지는 김효양이고, 어머니는 계오부인 박씨이다.

선덕왕이 죽자, 그의 왕비인 구족부인과 나라 사람들이 김주원을 받들어 왕으로 세우고자 하였다. 그는 선덕왕의 조카였다. 그의 집은 금성 북쪽 20리에 있었고, 때마침 비가 많이 와서 알천의 물이 넘쳐흘렀다. 김주원은 궁궐로 건너올 수 없었다. 다음 날도 비가 계속 내렸다.

"임금의 자리는 실로 사람들이 도모할 바가 아니라고 생각합니다. 사흘간이나 비가 이렇게 많이 내리는 것은 하늘의 뜻이 김주원을 왕으로 세우고자 하지 않는 것이 아닌가 합니다."

"옳은 말씀입니다. 상대등 김경신을 새 임금으로 모십시다."

여기저기서 김경신을 새 임금으로 모시자는 소리가 나왔다.

김경신은 몇 번 사양하다가 왕위에 올랐다. 그가 바로 원성왕이었다. 좋은 꿈을 꾼 것이 그대로 들어맞은 것이다.

원성왕은 구족부인을 조그마한 마을로 쫓아 버리고, 김주원을 ˙명주도독으로 임명해 명주 지방으로 보냈다.

788년에 독서삼품과를 설치하여, 유교 경전에 밝은 사람을 3품으로 나누어 실력에 따라 벼슬아치로 임명하였다. 798년 12월 29일, 원성왕이 죽었다.

• 명주 : 지금의 강원도 강릉시

애장왕이 중앙과 지방 제도를 개혁하다

원성왕으로부터 왕위를 이어받은 소성왕이 왕위에 오른 지 2년 만에 죽자, 애장왕이 뒤를 이었다. 그의 이름은 김청명이다. 아버지는 소성왕이고 어머니는 계화부인이다.

801년, 애장왕은 병부령 김언승을 상대등으로 삼았다. 애장왕은 13세에 왕이 되었기 때문에 나랏일을 돌볼 식견이 없었다. 자연히 나랏일은 상대등 김언승의 손 안에서 움직이기 시작했다.

어린 애장왕이 점차 나이가 들어가면서 궁중에 있는 궁녀들에 눈을 뜨게 되었다. 그는 궁녀들의 치마폭에 싸여 낮과 밤이 바뀌는 것도 모르고 지냈다.

애장왕이 나랏일에 도무지 관심을 보이지 않자, 김언승은 그 자신이 왕의 자리에 오를 궁리를 하게 되었다. 그런데 애장왕이 궁녀들 치마폭에만 휩싸여 있었던 것은 아니었다. 그는 김언승의 움직임을 낱낱이 알고 있으면서도 짐짓 모른 척하고 있을 뿐이었다.

808년에 애장왕은 명주에 내려가 있는 김주원의 아들 김헌창을 금성으로 불러 올렸다. 그리고 시중으로 임명해 상대등 김언승을 견제하게 하였다. 뿐만 아니라 애장왕은 작은아버지인 김언승에게 맡겨 놨던 나랏일을 직접 챙기기 시작했다. 12도에 사신을 파견해 군 · 읍의 경계를 정하였다.

권력이 애장왕한테로 옮겨 가자, 불안해진 김언승은 병부령인 동생 김
제옹 등과 함께 반란을 일으킬 계획을 했다.

가뭄이 계속되었다. 하늘은 비를 뿌릴 기미조차 보이지 않았다. 산과
들은 태양이 쏟아 붓는 열기로 이글이글 타올랐다. 곡식이 타들어 갔다.
마실 물조차 구하기 힘들어졌다.

"두꺼비가 뱀을 잡아먹었다더라."

"이제 신하가 임금을 잡아먹게 될 거야."

흉흉한 소문이 금성의 골목골목을 휩쓸고 다녔다.

마침내 그 소문이 애장왕의 귀에까지 들어갔다.

"대궐의 경비를 단단히 하도록 하라."

애장왕이 명령했다.

"웃기고 있네."

이미 커질 대로 커진 김언승의 세력은 애장왕의 명령에 코웃음을 쳤다.

809년, 김언승과 김제옹 일파가 대궐로 쳐들어갔다. 대궐 밖이 몹시 소
란스러워졌다.

"상대등, 어인 일이오?"

칼을 빼들고 서 있는 김언승에게 애장왕이 떨리는 목소리로 물었다.

• 병부령 : 일체의 군사사무를 관장하는 기구인 병부의 장관

그 순간 김제웅이 애장왕을 칼로 내리쳤다. 그가 피를 흘리며 쓰러졌다. 그의 나이 23세였다. 이때 애장왕의 곁에 있던 왕의 아우 김체명도 동시에 살해되었다.

김헌창의 난으로 중앙 정부 세력이 약화되다

소성왕의 동생인 헌덕왕의 이름은 김언승이고, 아버지는 원성왕의 큰아들인 혜충태자 김인겸이며, 어머니는 성목태후 김씨다.

809년에 김언승이 왕위에 올랐다. 그가 헌덕왕이다.

"조카를 죽이고 임금 자리에 오르다니…….."
"이젠 누구든지 칼 잘 쓰는 사람이 왕이 될 수 있는 세상이야."
"쉿, 조용히 해. 낮말은 새가 듣고 밤말은 쥐가 듣는다고 했잖아!"
백성들은 모이기만 하면 쑥덕거렸다.

헌덕왕은 813년에 이찬 김헌창을 무진주도독으로 삼고 이듬해에 회유 정책의 일환으로 그를 금성으로 불러들여 시중 벼슬을 주었다. 816년에는 김헌창이 •청주도독이 되었다.
821년, 김헌창이 •웅천주도독으로 옮겨갔다. '웅천'은 백제의 옛 땅으로, 그곳에 사는 백성들은 신라 조정에 대하여 반항적인 태도를 지니고 있었

• 청주 : 지금의 경남 진주시
• 웅천 : 지금의 충남 공주시

다. 김헌창은 이러한 백성들의 태도를 보고 웅천을 근거지로 하여 반란을 일으킬 생각을 굳혔다.

815년부터 817년까지, 또 820년부터 821년까지 계속 흉년이 들었다. 각 지방에서 도적떼들이 일어나 세상이 더욱 어지러워졌다.

김헌창은 그의 아버지 김주원이 왕위에 오르지 못한 것에 불만을 품고 있었다. 그는 원성왕 계통의 왕실의 합법성을 부정하는 동시에, 자신의 행동에 대한 합리화를 꾀하는 동시에 김주원을 지지했던 귀족들을 자신들의 편으로 끌어들이는 명분이기도 했던 것이다.

김헌창은 반란 세력을 모아 금성의 신라 조정에 항거해 새로운 나라를 세웠다. 나라 이름을 장안이라 하고, 연호를 경운이라 하였다. 그는 스스로 왕위에 올랐다. 반란 세력은 순식간에 ˙무진주, ˙완산주, 청주, ˙사벌주 등 4개 주를 장악하고, ˙국원경, ˙서원경, ˙금관경의 ˙사신을 복속시켰다.

김헌창의 반란은 무열왕 계통인 김주원 일파와 다른 방계 김씨 왕족인 김경신 일파 사이의 제1차 대결 후 37년 만에 제2차 대결 양상으로 나타나게 되었다.

• 무진주 : 지금의 광주광역시
• 완산주 : 지금의 전주시
• 사벌주 : 지금의 상주시
• 국원경 : 지금의 충주시
• 서원경 : 지금의 청주시
• 금관경 : 지금의 김해시
• 사신 : 소경의 장관

"먼저 수도 금성을 철저히 수비하도록 하고, 역적 김헌창을 무찌를 토벌군을 편성하도록 하라."

헌덕왕은 친척인 이찬 김균정과 대아찬 김우징 등으로 하여금 군사들을 끌고 가서 김헌창의 군사들을 토벌하도록 했다.

중앙 정부 군사들을 맞이한 김헌창의 장안국 군사들은 ˙삼년산성과 속리산 전투에서 거듭 졌다. 뿐만 아니라 금성에서 가까운 ˙성산에 배치되어 있던 장안국 군사들도 김균정이 이끄는 중앙 정부 군사들에 패하였다. 장안국 군사들은 숫자도 워낙 모자란 데다가, 훈련조차 제대로 되어 있지 않았다. 김헌창은 군사들을 이끌고 웅천성에서 중앙 정부군에 항거하다가, 스스로 목숨을 끊었다. 마침내 웅천성은 함락되고 장안국은 멸망하고 말았다.

신라는 장안국을 정복했지만, 국력의 소모가 심하였다. 이때부터 신라의 중앙 정부 세력이 쇠약해지고 지방 세력이 커지기 시작했다.

조금 더 알아보기   김헌창의 장안국

웅천주도독이던 김헌창은 반란을 일으켜, 한때 신라 영토의 절반 가량을 영향권 아래 묶어둘 정도로 기세를 떨쳤다. 연호를 경운이라 했던 장안국은 수 개월 존속한 왕조로 역사의 저편으로 사라졌다.

• 삼년산성 : 지금의 충북 보은군
• 성산 : 지금의 경북 성주군

애장왕 2년801년 병부령 김언승을 상대등으로 삼았다.

애장왕 3년802년 12월, 김균정을 대아찬에 임명하고 가짜 왕자假王子로 삼아 일본에 사신으로 보내고자 했으나 김균정이 이를 사양하였다.

애장왕 8년808년, 김주원의 아들 김헌창을 시중으로 임명하고 상대등 김언승을 견제하게 했다. 12도에 사신을 파견해 군·읍의 경계를 정하였다.

애장왕 9년809년, 김언승과 김제옹 일파가 대궐로 쳐들어갔다.

헌덕왕 원년809년 김언승이 왕위에 올랐다.

헌덕왕 5년813년, 이찬 김헌창을 무진주도독으로 삼았다.

헌덕왕 6년814년, 헌덕왕은 회유 정책의 일환으로 김헌창에게 시중 벼슬을 주었다.

헌덕왕 8년816년, 김헌창이 청주도독이 되었다.

헌덕왕 11년819년, 당나라에서 절도사 이사도가 반란을 일으켰다. 당나라에서 신라에 도움을 요청해 왔다. 헌덕왕은 김웅원에게 군사 3만 명을 이끌고 당나라로 가서 돕도록 했다. 신라 군사들은 잘 싸웠으나, 많은 군사들이 죽거나 부상당하는 피해를 입었다.

헌덕왕 13년821년, 김헌창이 웅천주도독이 되었다.

헌덕왕 14년822년, 김헌창의 난이 일어났다.

• 대아찬 : 17관등의 다섯째 등급. 파진찬의 아래, 아찬의 위

바다의 왕자 장보고의 등장

흥덕왕의 이름은 김수종 또는 김경휘·김수승이다. 헌덕왕의 동생으로, 아버지는 원성왕의 큰 아들인 혜충태자 김인겸이며, 어머니는 성목태후 김씨이다. 흥덕왕은 골품제를 강화하는 등 왕권 강화를 위한 정치 개혁을 계속해 나갔다.

장보고와 그의 친한 친구 정연鄭年은 모두 전투를 잘하였다. 장보고의 원래 이름은 궁복弓福 또는 궁파弓巴였는데, '활보', 즉 '활 잘 쏘는 사람'이라는 뜻이었다. 또한 정연은 수영에 아주 능해 바다 밑으로 50리를 헤엄쳐 가도 숨이 막히지 않았다.

"좁은 신라에서 이러고 있을 게 아니라, 당나라로 건너가서 앞길을 개척해 보는 게 어떻겠는가?"

장보고가 천천히 말했다.

"피붙이라곤 아무도 없는 당나라에 가서 어떻게 앞길을 개척한다고 그러는가?"

정연이 반대의 뜻을 나타냈다.

"우린 무예를 잘하지 않는가. 그리고 자네는 수영도 잘 하지. 당나라에 가면 무슨 길이 열릴 걸세."

"정말 그럴까!"

장보고와 정연은 당나라로 건너갔다. 그들은 서주 무령군에 복무하여 장교가 되었다. 말을 타고 창을 쓰는 기술에는 아무도 당할 사람이 없었다.

그러던 중 장보고는 당나라에 와 있는 신라 사람들의 살아가는 모습에 관심을 가지게 되었다. 당나라 벼슬아치의 집에서 본 신라 여자 때문이었다. 그녀는 당나라 벼슬아치의 집에서 종노릇을 하고 있었다.

"무슨 이유로 이렇듯 머나먼 당나라에까지 와서 종노릇을 하고 있느냐?"

"저는 당나라 해적들에게 붙잡혀 와서 이곳에서 종살이를 하게 되었습니다."

그녀가 슬픈 목소리로 대답했다.

그 당시 당나라의 동해안 지역에는 많은 신라 사람들이 거주하고 있었다. 그들 가운데는 상업과 운송업에 종사하는 사람들도 있었고, 당나라와 신라·일본을 왕래하면서 국제 무역에 종사하는 사람들도 있었다. 그런데 그 무렵 당나라는 중앙집권 제도가 흔들리게 되어, 흉년이 들자 잇달아 전국 각지에서 도적들이 벌 떼처럼 들고일어났다. 육지뿐만 아니라 바다에서도 도적 떼들이 활개를 쳤다. 도적 떼들은 신라의 바닷가에 나타나 많은 사람을 사로잡아 종으로 팔았다.

"여보게, 자네와 나는 높은 뜻을 품고 당나라에 건너와서 벼슬아치 노릇을 하고 있네만, 신라 사람들이 종노릇을 하고 있는 것을 보니 우리가 해야 할 일이 따로 있다는 걸 깨달았네."

장보고가 정연에게 말했다.

"그게 뭔가?"

정연이 의아하다는 듯이 물었다.

"당나라에 와서 종노릇 하고 있는 사람들을 보니, 신라로 돌아가서 바다를 지켜야겠다는 생각이 드네."

장보고가 담담한 목소리로 말했다.

"그렇지만 어렵게 얻은 벼슬자리를 버리고……. 난 싫네. 내가 신라로 가서 뭘 하겠나?"

정연은 선뜻 응하지 않았다.

장보고는 당나라에서 종노릇을 하는 신라 사람들을 몰래 빼돌려 그들과 함께 배를 타고 신라로 돌아왔다.

장보고가 828년 여름에 금성으로 가 흥덕왕을 알현했다.

"당나라를 널리 돌아다녀 보니 우리 신라 사람들을 잡아다 종으로 삼고 있었습니다. 원하옵건대 청해진을 만들어 당나라 해적들이 우리 신라 사람들을 잡아가지 못하도록 해야 합니다."

장보고가 흥덕왕 앞에 머리를 조아렸다.

"그대가 당나라 벼슬을 버리고 돌아와 청해진을 만들어 우리 백성들을 지키겠다니 그 뜻이 가상하구나. 그리하도록 하라!"

흥덕왕은 군사 1만 명을 장보고에게 주었다. 그가 장보고에게 청해진을 만들도록 허락한 이유는 당시 진골 귀족 간에 대립이 심하여 신라의 중앙 정부가 수도 금성에서 멀리 떨어진 서해안 지방까지 적극적으로 다스릴 여력이 없었기 때문이다.

장보고는 해상 교통의 요지인 청해에 진鎭을 건설하였다. '진'은 평상시

장보고는 당나라에서 신라로 돌아와 청해진을 세웠다.

에는 토지를 경작하여 식량을 자급하고, 전시에는 전투원으로 동원되는 군사인 둔전병屯田兵이 주둔하던 군사적 지방 행정 구역이었다.

  장보고는 밤낮을 가리지 않고 바다를 경계하였다. 그는 당나라 배는 모조리 붙잡아 샅샅이 뒤졌다. 신라 사람들이 배 안에 있으면 약탈하였든 돈으로 샀든 모조리 배에서 내리게 하여 집으로 돌려보냈다. 그리고 당나라 해적선들은 눈에 띄기만 하면 침몰시켜 버렸다. 당나라 배들은 장보고라는 이름만 들어도 벌벌 떨며 감히 접근해 오지 못했다.

"청해진의 장보고는 바다의 왕자다!"
장보고에 대한 소문은 당나라뿐만 아니라 일본에까지 퍼졌다. 당나라와 일본의 해적들은 장보고의 이름만 듣고도 벌벌 떨며 신라의 해안선 가까이 가지 않았다.

한편 장보고가 신라로 떠난 후 정연은 벼슬자리에서 물러나 직업도 없이 여기저기를 떠돌아다녔다. 마침내 정연은 신라로 돌아왔다. 장보고는 정연을 환영하여 잔치를 베풀었다.

장보고는 1만 명에 달하는 강력한 군사력과 해상무역을 하여 많은 배를 보유하고, 엄청난 경제력도 가지고 있었다. 장보고는 하나의 커다란 지방 세력으로 성장해 있었던 것이다.

- **완도 장도**

  장보고가 설치한 청해진의 본진이 있던 곳이다.

동지나해 일대의 해상권을 장악한 장보고

흥덕왕은 중국에서 돌아온 장보고에게 청해진을 개척하도록 하고 그로 하여금 청해진 대사를 맡게 하였다. 장보고는 신라의 바다에 출몰하는 해적을 막고 해상 왕국을 건설했다. 동지나해 일대의 해상권海上權을 장악하게 되었다. 그는 이 해상권을 토대로 당나라와 신라, 그리고 일본을 잇는 국제무역을 주도해 나갔다. 장보고에 대한 소문은 당나라뿐만 아니라 일본에도 퍼졌다. 당나라에 갔던 일본의 지방관과 승려 엔닌圓仁이 장보고에게 편지를 보내어 그의 귀국을 보살펴 줄 것을 탄원하였다는 사실은 신라·일본·당나라를 잇는 당대의 해상 교통로에서 그의 이름이 국제적으로 높았음을 보여 준다.

장보고는 당나라로 건너가 산둥성 원동현 츠산촌에 법화원法華院이라는 절을 세우고, 계속 지원하였다. 이곳은 신라인의 정신적인 중심지로 법회 때에는 한꺼번에 250여 명이 참석한 경우도 있었다. 이처럼 장보고의 세력이 중국 동해안의 신라인 사회에도 큰 영향을 끼쳤다는 사실을 알수 있다.

왕위 쟁탈전과 김명·이홍의 난

희강왕의 이름은 김제륭이다. 아버지는 원성왕의 손자 이찬 김헌정이고, 어머니는 포도부인이다.

• 동지나해 : 동중국해東中國海. 황해 남쪽에 이어지는 해역
• 산둥성 문등현 츠산촌 : 산둥성山東省 문등현文登縣 적산촌赤山村

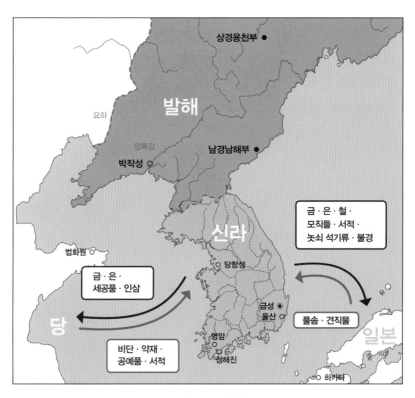

신라의 대외관계

흥덕왕이 죽자, 흥덕왕의 사촌동생인 김균정과 오촌 조카인 김제륭이 서로 왕위를 다투게 되었다. 그런데 시중 김명과 아찬 이홍 등은 김제륭 편을 들고, 김균정의 아들인 김우징과 김예징 및 김양은 김균정 편을 들었다.

마침내 김제륭 파와 김균정 파 사이에 왕위 계승을 둘러싸고 피비린내 나는 싸움이 벌어졌다.

김제륭 파인 김명과 이홍 등이 와서 궁궐을 에워쌌다.

김균정 파인 김양이 군사를 대궐문 앞에 배치했다.

"새 임금이 여기 계신데 너희들이 어찌 감히 이토록 흉포한 반역을 꾀하는가?"

김양이 김명과 이홍이 이끄는 군사들을 막으면서 말했다.

양편의 군사들이 휘두르는 칼날이 번쩍거리고 화살이 하늘을 갈랐다.

시간이 흐르자, 김균정 파가 밀리기 시작했다.

"저들은 숫자가 많고, 이리 군사들의 숫자가 적으니 형세로 볼 때 막을 수 없겠다. 공은 물러나서 후일을 도모하라."

김균정이 말했다.

김양이 포위를 뚫고 나와 한기의 저자에 이르렀다.

"으악!"

김균정이 날아온 화살에 맞아 죽었다.

"윽!"

왕위 다툼 끝에 김균정이 죽고 김제륭이 즉위했다. 그가 바로 희강왕이다.

김양도 다리에 화살을 맞았다.

김양은 부상당한 몸을 이끌고 산으로 숨었다.

김우징은 남은 군사를 거두어 변장을 하고 청해진으로 갔다.

"대사, 이렇게 갑자기 찾아와서 미안하기 그지없소. 간악한 무리들이 왕위를 가로채고 충신들을 죽이려 하니 화를 피하고자 이렇게 왔소이다."

김우징이 말을 잇지 못했다.

"잘 오셨습니다."

장보고가 김우징의 손을 잡았다.

김우징이 청해진으로 가 있다는 소식을 전해들은 김양도 군사 등을 모집하여 바다로 가서 김우징을 만났다.

김양은 장보고의 군대를 보고 안심이 되었다. 중앙 정부의 군대를 능히 쳐부술 수 있을 것만 같았기 때문이었다.

836년, 싸움에 이긴 김제륭이 왕위에 올랐다. 그가 희강왕이다. 희강왕은 김명을 상대등에, 이홍을 시중에 임명했다. 그러나 2년 후인 838년 봄, 금성에서 다시 반란이 일어났다. 상대등 김명과 시중 이홍 등이 희강왕을 몰아내려고 군사를 일으켰다. 희강왕을 가까이서 모시던 신하들을 모조리 죽였다. 아무한테서도 도움을 받을 수 없게 된 희강왕은 목을 매어 스스로 목숨을 끊었다.

장보고의 군사력에 의해 제거된 민애왕

민애왕은 이름이 김명이다. 아버지는 김충공이고, 어머니는 귀보부인 박씨이다.

838년, 김명이 왕위에 올랐다. 그가 민애왕이다. 이 소식을 들은 김양은 병사를 모집해 청해진으로 들어가 김우징을 만났다. 김우징은 때가 왔다고 생각하고 장보고를 찾아갔다.

"김명은 임금을 죽이고 스스로 왕위에 올랐고, 이홍은 임금과 아버지를 그릇되게 죽였으니 그들과는 같은 하늘을 이고 살아갈 수는 없습니다. 원컨대 장군의 군사를 빌려 임금과 아버지의 원수를 갚고자 합니다. 대사께서 힘이 되어 주십시오."

김우징이 말했다.

"옛 사람의 말에 '정의를 보고도 행동하지 않는 것은 용기가 없는 것'이라고 했습니다. 내 어찌 의롭지 못한 것을 보고 가만있겠습니까? 기꺼이 돕겠습니다."

장보고가 김우징을 바라보며 말했다.

"고맙소, 대사! 이번 일이 성공하면 대사의 딸을 태자비로 맞아들이겠소."

김우징이 장보고의 손을 덥석 쥐었다.

"그대가 아니면 이 환란을 평정할 수 없겠구나."

장보고는 정연에게 날쌘 군사 5천 명을 주면서 말했다. 민애왕이 왕위에 오른 지 두 달만의 일이었다.

청해진에 의탁하고 있던 김우징이 김양·염장·장변·정연·낙금·장건영·이순행 등과 함께 군사를 거느리고 민애왕을 토벌하기 위해 무주 *철야현에 이르렀다. 김우징이 군사를 일으켰다는 소식을 전해들은 민애왕은 대감 김민주에게 군사를 주어 싸우도록 했다. 그러나 중앙 정부군

* 철야현 : 지금의 전남 나주시

은 남원 지방 전투에서 김양이 이끄는 기병 3천 명에게 거의 다 살상당하고 말았다.

민애왕이 왕위에 오른 지 2년 만인 839년 봄, 김양의 군사들은 밤낮으로 행군하여 ˙달벌 언덕에 도착하였다. 민애왕은 김양의 군사들이 달벌의 언덕에 이르렀다는 말을 듣고 이찬 대흔과 대아찬 윤린 및 억훈 등을 시켜 군사를 거느리고 반정군에게 대항하여 싸우도록 했다.

전투가 치열하게 벌어졌다. 김양이 이끄는 군사들이 크게 이겼다. 중앙 정부군의 군사 가운데 죽은 군사가 절반이 넘었다. 이때 민애왕은 서쪽 교외의 큰 나무 밑에 있었다. 측근들은 모두 흩어졌다. 민애왕이 어찌할 바를 몰라 혼자 서 있었다. 이윽고 민애왕은 월유댁으로 도망쳐 들어갔다. 김양의 군사들이 뒤쫓아 왔다. 군사들이 민애왕을 붙잡아 죽였다.

왕위 계승을 둘러싸고 싸움을 하다가 죽임을 당한 민애왕

민애왕이 왕위에 오른 838년을 전후한 시기에 김제륭희강왕−김명민애왕의 제휴 세력과 김균정−김우징 부자 사이에 왕위 계승 분쟁이 일어났다. 즉 원성왕의 손자인 김충공 · 김헌정 · 김균정 가계 사이에 왕위 계승을 둘러싸고 벌어진 분쟁이었던 것이다.

희강왕을 축출하고 왕위에 오른 김명민애왕은 결국 장보고의 군사력에

• 달벌 : 지금의 대구광역시

의탁한 김우징뒤에 신무왕이 됨 세력에 의해 죽임을 당했던 것이다.

신라 하대 권력 투쟁의 대표적인 인물인 신무왕

신무왕의 이름은 김우징이다. 할아버지는 원성왕의 아들 김예영이고, 아버지는 김균정이며, 어머니는 진교부인 박씨이다.

신무왕 원년인 839년 4월, 민애왕을 죽인 김양은 금성으로 돌아와 궁궐을 깨끗이 정비하고, 김우징을 맞아들여 왕위에 오르게 하였다. 그가 바로 신무왕이었다.

"이번 일에 장보고 대사의 공이 누구보다도 크오."

신무왕이 장보고를 감의군사感義軍使로 삼았다. 뿐만 아니라 신무왕은 장보고에게 2,000호의 실봉實封을 내렸다. 실봉은 식봉食封이라고도 하는데 봉읍封邑 안의 백성에게 실제로 조세를 거둘 수 있었던 것을 말한다.

같은 해 7월, 사람의 앞날은 한치 앞을 내다볼 수 없다더니 신무왕은 종기를 앓다가 왕위에 오른 지 반 년도 못 되어 별다른 경륜을 펴지 못한 채 장보고 등 왕권에 위협을 가하는 세력을 뿌리 뽑아야 하는 과업을 남긴 채 세상을 뜨고 말았다. 신무왕은 신라 왕들 가운데 재위 기간이 가장 짧았던 왕이었다.

흥덕왕 3년828년, 흥덕왕이 장보고에게 군사를 주었다. 장보고가 청해진을 설치했다.

흥덕왕 4년829년, 흥덕왕은 당은군현재의 경기도 화성시을 당성진으로 만들고, 사찬 극정으로 하여금 가서 지키게 하였다.

흥덕왕 11년836년, 흥덕왕이 죽었다. 김제륭 파와 김균정 파가 왕위 쟁탈전을 벌였다.

희강왕 원년836년, 김제륭이 왕위에 올랐다. 그가 희강왕이다.

희강왕 3년838년, 상대등 김명과 시중 이홍 등이 반란을 일으켰다. 희강왕이 자결했다.

민애왕 원년838년, 김명이 왕위에 올랐다. 그가 민애왕이다.

민애왕 2년839년, 김양의 군사들이 민애왕을 붙잡아 죽였다.

신무왕 원년839년 4월, 민애왕을 죽인 김양이 김우징을 왕위에 올렸다. 그가 바로 신무왕이다. 같은 해 7월, 신무왕이 죽었다.

3. 통일 신라 시대 지방 호족 세력의 대두

장보고의 반란과 문성왕

문성왕의 이름은 김경응이다. 아버지는 신무왕이며, 어머니는 정계부인이다.

840년에 장보고는 일본 조정에 무역선과 함께 회역사廻易使를 파견하여 서신과 공물을 보내 무역 활동과 함께 외교 교섭까지 시도하였다.

장보고의 딸이 성장하여 처녀가 되어 있었다.

"제 딸을 왕비로 맞아 주시면 고맙겠습니다."

장보고가 문성왕에게 머리를 조아렸다.

문성왕은 장보고의 공을 생각하여 장보고의 딸을 두 번째 왕비로 삼으려 하였다. 그러나 장보고의 세력이 중앙 정부를 위협할 정도로 강력해진 것에 두려움을 느낀 중앙 귀족들이 이를 반대하고 나섰다.

장보고와 중앙 귀족이 반목했다. 장보고가 반란을 일으켰다.

"궁복_{장보고}으로 말한다면 섬사람인데 어찌 그의 딸을 왕실의 배필로 정할 수 있겠습니까?"

조정의 신하들이 반대했다.

"그대들의 뜻이 그렇다면…."

신하들의 말을 물리칠 수 없었던 문성왕이 자신의 뜻을 접었다. 845년의 일이다.

"뭐라고? 한낱 섬에 사는 천한 사람이라고? 이놈들 어디 두고 보자."

그 뒤 장보고와 중앙 귀족 사이의 반목은 더욱 깊어졌다.

자신의 딸을 왕비로 세우려 하던 일이 성사되지 않자, 장보고는 846년에 청해진을 거점으로 반란을 일으켰다. 조정이 반란군을 토벌하자니 후환이 염려되고 그대로 두자니 장보고의 죄를 용서할 수 없는지라 어떻게 처리할 바를 몰라 전전긍긍하고 있었다. 이때 무주 사람 염장이 문성왕을 찾아왔다. 그 당시에 그는 날래고 힘이 세기로 신라 땅에서 이름이 높았다. 그는 한때 장보고의 부하였다.

"조정에서 다행히 제 말을 들어 주신다면 저는 군사 한 사람에게도 수고를 끼치지 않고 빈주먹만 가지고 궁복의 목을 베어 바치겠습니다."

염장이 힘주어 말했다.

"그리하도록 하라."

문성왕이 허락했다.

염장은 청해진으로 갔다.

"제가 임금에게 죄를 지었는지라, 장보고 대사께 몸을 의지하여 볼까 하여 찾아왔습니다."

장보고를 만난 염장은 거짓으로 나라를 배반하는 척했다. 평소 힘이 센 사람을 좋아했던 장보고는 칼도 차지 않고 찾아온 염장을 보고 아무런 의심을 품지 않았다. 그를 청해진에 머물 수 있도록 했다.

장보고는 술상을 차려 오라고 하였다. 염장과 함께 술을 마시면서 장보고는 염장으로부터 금성의 소식을 자세히 들을 수 있어 기분이 좋았다. 마침내 장보고가 술에 취해 곯아 떨어졌다. 염장이 장보고가 허리에 차고 있는 칼을 뽑아 그의 목을 베었다. 장보고가 죽은 뒤 중앙 정부군의 공격을 받아 청해진 세력은 완전히 무너지고 말았다.

재위 기간 내내 여러 차례 일어난 반란을 진압한 문성왕

청해진 대사 장보고의 딸을 맞이해 둘째 왕비로 삼으려 했지만, 조정의 신하들이 반대하자 문성왕은 그 말을 따랐다. 문성왕은 여러 차례 일어난 반란의 소용돌이 속에서 몹시 마음을 쓰며 애를 태웠다. 마침내 그는 병이 들어 조서를 내려 숙부 김의정에게 왕위를 계승하도록 하고 죽었다.

 〈술술 훑어보기〉 장보고의 반란을 진압한 문성왕

문성왕 2년840년, 장보고는 일본에 대해 무역 활동과 함께 외교 교섭까지 시도하였다.

문성왕 7년845년, 문성왕이 장보고의 딸을 왕비로 삼으려다 신하들의 반대에 부딪혔다.

문성왕 8년846년 장보고가 청해진을 거점으로 반란을 일으켰다. 장보고가 목이 베여 죽었다.

문성왕 9년847년, 양순과 흥종이 반란을 일으켰다.

문성왕 11년849년, 김식과 대흔이 문성왕대 정국이 혼란한 틈을 타서 민애왕측 귀족들의 잔여 세력과 규합하여 난을 일으켰다가 처형당했다.

문성왕 13년851년, 청해진을 없애고, 그곳 사람들을 벽골군으로 옮겼다.

문성왕 19년857년, 문성왕이 숙부 의정에게 왕위를 계승시킨다는 유언를 내리고 죽었다.

불교를 통치의 기본 이념으로 삼고자 한 헌안왕

헌안왕의 이름은 김의정이고, 신무왕의 이복 아우이다. 헌안왕은 왕위에 오르기 전부터 불교 신앙이 깊어서, 성주사 시주인 낭혜화상 무염無染의 제자를 자처했다.

헌안왕 4년인 860년 가을, 헌안왕이 임해전에 여러 신하들을 모이게 했다. 왕족 김응렴이 나이 15세의 나이로 그 자리에 참석하게 되었다.

"나라 안을 돌아다니면서 무엇을 보았는고?"

헌안왕이 물었다.

"행실이 착한 세 사람을 보았습니다."

김응렴이 대답했다.

"그래? 그 세 사람은 어떤 사람들인가?"

"첫째 사람은 남의 윗자리에 있을 만하나 겸손하여 남의 밑에 있을 사람이요, 둘째는 부자이면서 검소하게 옷을 입는 사람이요, 셋째는 고귀한 세력가이면서도 한 번도 남에게 그 위세를 부리지 않는 사람이었습니다."

"그래, 그렇구나. 흠!"

헌안왕은 연방 고개를 끄덕끄덕하였다.

"내가 사람들을 많이 만나봤지만 응렴만 한 사람이 없었소."

헌안왕이 왕후에게 귀엣말을 하였다.

헌안왕은 김응렴이 어진 사람이라는 것을 알고 그를 사위로 삼고자 하였다.

"나에게 두 딸이 있는데 큰 아이는 올해 스무 살이고 작은 아이는 올해 열아홉 살이다. 그저 너의 마음에 드는 데로 장가를 들라."

헌안왕이 조용히 말했다.

김응렴은 집으로 돌아와 그의 부모에게 그 사실을 알렸다. 부모들은 놀랍고 기뻐서 그의 가족들을 모아 놓고 의논을 하였다.

"왕의 맏공주는 얼굴이 아주 못생겼고 둘째 공주가 매우 곱게 생겼으니 그에게 장가를 드는 것이 좋을 것 같구나."

어머니가 말했다.

김응렴의 낭도 가운데 우두머리인 범교사範敎師가 이 소식을 듣고 집으로 찾아왔다. '범교사'에 대해 『삼국사기』에는 흥륜사의 스님으로 기록되어 있고, 『삼국유사』에는 낭도 중의 우두머리인 범교사라는 사람또는 승려으로 기록되어 있다.

"대왕께서 공주를 공에게 시집보내려고 하신다니 그게 참 말인가?"

범교사가 물었다.

"그렇습니다."

김응렴이 대답했다.

"어느 공주를 택하시렵니까?"

"부모님 말씀이 동생에게 가는 게 좋겠다고 하십니다."

"만약 그대가 동생을 아내로 삼는다면 내가 바로 그대가 보는 앞에서 내가 바로 죽을 것이오. 그 맏공주를 맞으시면 세 가지 좋은 일이 꼭 있게 될 테니 신중히 하십시오."

"시키는 말씀대로 하오리다."

얼마 안 있어 헌안왕이 날을 받고 사자를 김응렴에게 보냈다.

"두 공주 가운데 누구를 취할 것인가? 오직 그대의 의향에 달렸노라."

사자가 궁궐로 돌아와 김응렴의 뜻을 헌안왕에게 전했다.

헌안왕 3년인 859년 무주 보림사의 선승禪僧인 체징을 후원하여 가지산 문迦智山門을 개창하도록 했다.

861년 봄, 헌안왕이 병이 나 자리에 눕게 되었다. 그의 병이 위독해졌다. 그는 신하들을 불러 모았다.

"여러분도 아시다시피 나는 아들이 없고 딸만 두었소. 우리나라의 옛일에 비록 선덕·진덕의 두 여왕이 있었지만 이것은 암탉이 새벽을 알리는 일에 가까운 것이니 이를 법으로 삼을 수는 없소. 내가 죽은 뒤 사위되는 응렴이 나이가 비록 어리지만 노성한 덕을 갖추고 있으니, 그대들이 왕으로 모셔 섬긴다면 반드시 조정의 훌륭한 기업을 잃지 않을 것이오. 내가 죽더라도 또한 마음을 놓을 것이오."

이튿날 헌안왕은 세상을 떠났다.

김응렴은 헌안왕의 유언을 받들어 왕위에 올랐다. 그가 경문왕이었다.

하대 사회의 혼란을 수습하지 못한 경문왕

경문왕의 이름은 김응렴이었다. 아버지는 희강왕의 아들 아찬 김계명이고, 어머니는 광화부인이다.

범교사가 궁궐로 경문왕을 찾아왔다.

"제가 말씀드렸던 세 가지 좋은 일이 지금에야 모두 드러났습니다. 그 것은 첫째로 맏공주에게 장가를 들었으므로 지금 왕위에 오르게 된 것이 요, 둘째로 전일에 아우 되는 공주의 자색을 흠모했던 터에 이제는 그를 쉽게 취할 수 있게 된 것이오, 셋째로 맏공주에게 장가를 들었으므로 선왕과 왕비께서는 매우 만족해 하실 것입니다."

범교사가 아뢰었다.

"정말 고맙소."

경문왕은 범교사에게 대덕 벼슬을 주고 금 1백 30량을 주었다.

경문왕 2년인 862년 봄, 이찬 김정을 상대등에 임명하고 아찬 위진을 시중에 임명했다. 가을, 당나라에 사신으로 들어갔던 아찬 부량 등 일행이 물에 빠져 죽었다.

어느 날 잠자리에서 일어난 경문왕은 자신의 귀가 갑자기 길어져서 당나귀처럼 되어 있는 것을 발견하고 소스라치게 놀랐다. 아무도 그 사실을 몰랐으나 오직 그의 복두감투를 만드는 사람만은 그 사실을 알고 있었다.

"만에 하나 이 사실을 발설하면 넌 목숨을 부지할 수 없을 것이다."

경문왕에 관한 설화는 신라 하대의 혼란한 사회상을 반영한 설화이다.

경문왕이 귀를 만지작거렸다.

"알겠습니다."

복두의 등 위로 식은땀이 줄줄 흘러내렸다.

그 뒤 복두는 평생 그 사실을 발설하지 못하고 지냈다.

"우리 임금님 귀는 당나귀 귀처럼 생겼네!"

복두는 죽을 때에 이르러 도림사라는 절의 대나무밭에 들어가, 대나무를 향하여 소리쳤다.

"우리 임금님 귀는 당나귀 귀처럼 생겼네!"

바람이 불 때면 대나무가 소리를 냈다.

경문왕은 이것을 싫어하여 대나무를 베어 버리고 그 자리에 산수유를 심도록 했다.

"우리 임금 귀가 기네."

그 뒤 바람이 불 때면 단지 이렇게 소리가 났다.

경문왕의 침전에 매일 저녁이면 수많은 뱀들이 무리 지어 모여들었다.

한층 더 깊이 읽기

신라 하대의 혼란한 사회상을 반영한 경문왕에 관한 설화

경문왕에 관한 이 두 가지 설화는 당시 신라 하대의 혼란한 사회상을 반영하고 있다고 보아야 할 것이다. 그는 황룡사 9층탑을 개조하고, 국학에 행차하여 박사로 하여금 경전을 강론하게 하는 등 나름대로 나라를 잘 다스려 보려는 의지를 보였다.

한편 경문왕 6년861년 이찬 윤흥과 숙흥·계흥의 반란 사건, 경문왕 8년863년 이찬 김예·김현 등의 모반 사건, 경문왕 14년874년 이찬 근종의 반란 사건 등 진골 귀족 세력의 모반과 지방의 반란을 평정하고자 노력하였다.

궁인들이 뱀을 보고 기겁을 하곤 하였다. 그들은 뱀들을 몰아내려 했다.

"나는 뱀들이 없으면 편히 잠을 잘 수 없다. 부디 뱀을 잡지 말아라."

경문왕이 말했다.

경문왕이 잠을 잘 때면 뱀들을 혀들을 날름거리며 그의 가슴을 뒤덮곤 했다.

진골 귀족의 모순과 돌아서는 민심을 몰랐던 헌강왕

헌강왕의 이름은 김정이다. 아버지는 경문왕이고, 어머니는 헌안왕의 큰딸 영화부인 김씨다. 헌강왕이 신라를 다스리던 시기는 진골 귀족의 모순이 드러나고 민심이 조정으로부터 서서히 등지는 시기였다.

879년, 헌강왕은 국학國學에 행차해 박사博士로 하여금 강론하게 하였다. 신흥 등이 반란을 일으켰으나 곧 진압하였다.

이듬해인 880년에 헌강왕이 신하들을 좌우에 거느리고 월상루에 올라 금성의 사방을 바라보았다.

"백성들의 집이 볏짚이 아닌 기와로 이어졌구나."

"그러하옵니다."

"그뿐인 줄 아십니까? 밥할 때 장작이 아니라 숯을 땐다고 하옵니다."

"과연 태평성대로다."

헌강왕이 껄껄 웃었다.

헌강왕이 다스리던 때에 신라는 수도 금성으로부터 동해 어구에 이르기까지 *금입택을 비롯한 기와집들이 즐비하게 들어섰지만, 초가집은 한 채도 없었다. 길거리엔 항상 음악이 흐르고 있었고, 봄, 여름, 가을, 겨울 사계절 기후는 순조롭기만 하였다.

「처용가」 – 역신도 감동해 물러간 노래

헌강왕이 신하들을 데리고 개운포에서 놀다가 점심참으로 낮에 물가에서 쉬고 있었다. 그때 갑자기 구름과 안개가 자욱하게 끼어 훤하던 대낮이 어두컴컴해져 길을 잃어버렸다.

"이게 어인 일인고?"

헌강왕이 신하들에게 물었다.

"이것은 동해의 용이 부린 조화이오니 마땅히 좋은 일을 행하여 풀어야 합니다."

일관이 대답했다.

"그렇다면 이 근처에 절을 하나 세우도록 하라."

헌강왕이 명령을 내렸다.

그러자 곧 구름과 안개가 걷혔다. 그리하여 헌강왕 일행이 머물던 그곳을 개운포라고 이름 지었다. 동해의 용이 기뻐하여 일곱 아들을 거느리고 헌강왕 앞에 나타나 덕을 찬양하여 춤을 추며 노래하였다.

동해 용의 아들 하나가 헌강왕을 따라 금성으로 올라와 헌강왕의 정사

• 금입택金入宅 : 금드리댁. 신라 귀족들의 대주택으로 금을 입힌 집을 의미

• 처용무의 한 장면

　벽사진경의 속성을 가진 「처용가」는 처용무로 전승되기도 했다.

政事를 도왔다. 그의 이름은 처용이었다. 헌강왕은 그를 아름다운 여자에게 장가들이고 그가 동해로 돌아가지 않도록 마음을 잡아 두기 위하여 다시 급간 벼슬까지 시켰다.

　처용의 아내는 너무 아름다웠다. 그녀를 역병 귀신이 사랑했다. 역병 귀신은 사람으로 화하여 밤이 되면 그 집에 가서 몰래 그녀를 데리고 잠자리에 들었다.

　처용이 밖에 나갔다가 집으로 돌아와 보니, 자리 속에 두 사람이 누워 있는 것이었다. 그는 춤을 추면서 노래를 부르기 시작했다.

東京明期月良   시불 블기 드래

夜入伊遊行如可   밤드리 노니다가

入良沙寢矣見昆   드러사 자리 보곤

脚烏伊四是良羅   가르리 네히어라

二肹隱吾下於叱古   둘흔 내해 엇고

二肹隱誰支下焉古   둘흔 뉘해 언고

本矣吾下是如馬於隱   본디 내해 다마룬

奪叱良乙何如爲理古   앗아놀 엇디ᄒᆞ릿고

동경 밝은 달밤에

밤 이슥히 노닐다가

들어가 자리를 보니

다리가 넷이구나.

둘은 내 것이지만

둘은 누구의 것인고

본디 내 것이다마는

빼앗긴 것을 어찌할꼬.

처용이 노래를 부르고 춤을 추며 물러나자, 그 역병 귀신이 모습을 드러냈다.

"내가 당신의 아내를 탐내어 지금 그녀를 범했소. 그런데도 당신은 화를 내지 않으니 감격스럽고 장하게 생각한 나머지, 이제부터는 맹세코 당신의 얼굴을 그려 붙여 둔 것만 보아도 그 문 안에 들어가지 않겠소."

역병 귀신이 처용 앞에 무릎을 꿇었다.

이로 인하여 나라의 사람들이 문간에다 처용의 얼굴을 그려 붙여 사악한 귀신을 물리치고 경사스러움을 맞았다 한다.

한층 더 깊이 읽기

역신을 물리치는 벽사진경의 내용을 담은 「처용가」

현재 전해지는 신라 향가의 마지막 작품인 「처용가」는 『삼국유사』 권2 '처용랑 망해사조'에 실려 있다. 「구지가」에서 「해가」로 이어지는 주술적인 시가의 맥을 계승하고 있는 「처용가」는 사악한 것을 쫓고 좋은 것을 맞아들인다는 벽사진경 辟邪進慶의 내용을 담은 8구체 향가이다. 「처용가」의 가사의 일부는 고려가요 「처용가」에 들어가 있다. 이 고려가요 「처용가」가 조선 시대 성종 24년1493년에 성현 등이 왕명을 받아 펴낸 음악 책인 『악학궤범』에 훈민정음으로 기록되어 있어 향찰 문자 해독에 도움을 주었던 것이다.

한편 처용이 누구인가에 대해서는 여러 가지 이야기가 있다. 동해 용왕의 아들이라는 이야기, 당시 울산 지방에 있던 호족의 아들이라는 이야기, 신라를 오고 가던 아라비아 상인일 것이라는 이야기가 있으나, 여러 학자들의 연구 결과 대체로 처용을 용의 아들로 분장한 무당으로 보는 주장이 설득력을 얻고 있다.

신라의 위기를 드러낸 산신의 춤

헌강왕은 개운포에서 돌아와 곧 영취산 동쪽 기슭에 좋은 터를 잡아 절을 세웠다. 그 이름을 망해사라고 했다. 또는 신방사라고 부르기도 했다. 이것은 동해 용을 위해 세운 것이었다.

어느 날 헌강왕이 포석정에 나갔다. 남산의 산신이 그의 앞에 나타나 춤을 추었다. 그 주위의 신하들은 못 보는데 그만이 보았다. 남산의 산신이 앞에 나타나서 춤을 추는 대로 그는 이것을 시늉하여 그 자신이 춤을 추어 보였다.

그 귀신의 이름을 상심이라고 했다. 지금까지도 나라 사람들은 이 춤을 전하여 '어무상심御舞祥審'이라고도 하며 혹은 '어무산신御舞山神'이라고도 한다.

헌강왕이 금강령에 갔을 때였다. 북악신이 나타나 춤을 추어 보였다. 춤의 이름을 옥도금이라고 했다. 또 동례전에서 연회를 할 때에 지신이 나와 춤을 추었다. 그 춤의 이름은 지백 급간이었다.

『어법집』에 다음과 같은 구절이 쓰여 있었다. 이것은 신라 사회의 위기의식을 드러낸 것이었다.

그 때, 산신山神이 즐겁게 춤을 추고 노래를 불렀다.

"지리다도파智理多都波!"

• 개운포 : 지금의 울산광역시
• 급간 : 신라 관등 9품인 급벌찬의 별칭

즉 말하자면 "지혜로 나라를 다스리는 사람이 미리 알고 도망하여 도읍이 장차 파괴된다."라는 뜻이다.

이것은 지신地神이나 산신이 나라가 장차 망할 줄을 알았기 때문에 일부러 춤을 추어 경고한 것이었다. 그런데도 조정에 있는 사람들이 이것을 알아차리지 못하고 좋은 징조가 나타난다고 생각해 더욱 환락에 빠져 들어갔다. 그리하여 나라는 끝내 망하고 만 것이었다.

헌강왕은 돌아서는 민심을 살피지 못했다.

통일 신라의 역대 왕

31대 신문왕 681 ~ 692	31대 선왕 692 ~ 702	36대 혜공왕 765 ~ 780

• 화백 회의(의장 상대)축소,
  집사부(장관 시중) 강화.
• 5부를 당나라의 육전 제도와 비
  슷하게 개혁.
• 5소경 제도 정비.
• 9주 제도의 완성.
• 군사 · 행정 조직 6정을 9서당
  (중앙군)과 10정(지방군)으로 확
  대 개편.
• 녹읍 폐지, 대신 해마다 세조를
  차등 있게 지급.
 	
◎「만파식적 설화」
  – 왕권의 전제화.
	33대 성덕왕
	702 ~ 737
	
	34대 효성왕
	737 ~ 742
	
	35대 경덕왕
	742 ~ 765
	
	• 국학을 태학으로 바꿈
	  – 유교 교육을 강화.
	• 녹읍부활.
	• 전국의 행정 체제 및 행정 단위
	  의 명칭을 한자식으로 개혁.
		• 96명의 각간角干들 사이에 권력
		  싸움이 치열 .
		  – 중앙 귀족들의 왕위 쟁탈전
		• 지방에 대한 통제력이 약화
		  → 호족 세력들이 등장.
		
		혜공왕, 만월부인, 각간 김대공 세
		력 對 상대등 김만종, 시중 김양상
		세력.
		
		김만종, 김대공 형제를 사살.
		김만종이 사망
		→ 김양상 상대등에 오름.
		
		이찬 김지정의 진골 세력과 만월
		부인 세력이 손잡음.

37대 선덕왕 780 ~ 785	38대 원성왕 785 ~ 798	40대 애장왕 800 ~ 809

상대등 김양상, 이찬 김경신 포섭.
 	
김지정의 반란
  – 상대등 김양상이 김지정, 혜공
    왕과 만월부인을 죽임.
 	
김양상, 왕위에 오름(선덕왕).
김경신, 상대등이 됨.
	선덕왕 죽음
	→ 김주원을 왕으로 세우고자 했
	  으나 자리를 오래 비움.
	→ 상대등 김경신, 왕위에 오름(원
	  성왕)
	• 독서삼품과 설치
	
	39대 소성왕
	799 ~ 800
		김언승, 상대등이 됨.
		김주원의 아들 김헌창을 시중으로
		임명(상대등 김언승 견제).
		김언승의 반란 → 헌덕왕으로 즉
		위.
		
		41대 헌덕왕
		809 ~ 826
		
		이찬 김헌창, 웅천을 근거지로 장
		안국을 세움 → 신라의 토벌
		(국력 소모)
		• 신라의 중앙 정부 쇠약, 지방 세
		  력 확대
		• 연이은 흉년

42대 흥덕왕 826 ~ 836	43대 희강왕 836 ~ 838	44대 민애왕 838 ~ 839
• 청해진 건설 장보고, 당나라로 가 장교가 됨. → 당나라 동해안 지역에 거주하는 신라인들의 비참한 삶을 보고 신라로 돌아옴. → 흥덕왕의 지원을 받아 청해진 건설. • 커다란 지방 세력. – 군사력과 경제력 겸비 • 장보고, 당나라에 법화원 세움. – 신라인의 정신적인 중심지.	흥덕왕의 사촌동생 김균정(김균정의 아들인 김우징과 김예징 및 김양) 對 흥덕왕의 오촌 조카 김제륭(시중 김명과 아찬 이홍) 김균정, 사살. 김양, 산으로 숨음. 김우징, 청해진으로 향함. 김제륭이 왕위에 오름(희강왕)	상대등 김명과 시중 이홍 등의 반란 → 김명이 왕위에 오름(민애왕)
45대 신무왕 839 ~ 839	46대 문성왕 839 ~ 857	47대 헌안왕 857 ~ 861
청해진에 의탁하고 있던 김우징의 반란 → 김양이 민애왕 사살 → 김우징이 왕위에 오름(신무왕)	• 장보고의 반란 – 장보고가 자신의 딸을 왕비로 세우려 하다 중앙 귀족의 반대로 실패. → 청해진에서 반란. → 한때 장보고의 부하였던 염장이 장보고에게 거짓으로 접근해 죽임.	문성왕이 병이 들어 숙부 김의정에게 왕위 계승(헌안왕)
48대 경문왕 861 ~ 875	49대 헌강왕 875 ~ 865	
헌안왕이 유언을 받들어 사위 김응렴이 왕위에 오름(경문왕) 이찬 김정을 상대등에 임명하고, 아찬 위진을 시중에 임명 ◎ 임금님 귀는 당나귀	• 진골 귀족의 모순이 드러나고 민심이 조정으로부터 서서히 등지는 시기 ◎ 「처용가」	

2부

통일 신라의 문화

1장 통일 신라의 문학

• 신라 성덕왕릉
성덕왕은 당나라에 조공과 사절을 보내 우호적인 관계를 유지했다.

則可見夫人矣公從之龍奉夫人出海獻之公問夫人
海中事曰七寶宮殿所饍甘滑香潔非人間煙火此夫
人衣襲異香非世所聞水路姿容絕代每經過深山大
澤屢被神物掠攬衆人唱海歌詞曰　龜乎龜乎出水
路掠人婦女罪何極汝若悖逆不出獻　入網捕掠燔
之喫老人獻花歌曰紫布岩乎过希執音乎手母牛放
教遣　吾肹不喻慚肹伊賜等　花肹折叱可獻乎理
音如

孝成王

開元十年壬戌十月始築關門於毛火郡今毛火村屬

• 「헌화가」가 실린 「삼국유사」

1. 통일 신라의 시 문학

「헌화가」 – 수로부인에게 철쭉꽃을 바치며 부른 노래

성덕왕 때였다. 늦은 봄날 순정공은 아내 수로와 ˙종자들을 거느리고 동해를 끼고 굽이쳐 난 길을 걸어가고 있었다.

순정공은 강릉 ˙태수로 임명되어 그곳으로 부임해 가는 도중이었다. 그들은 바닷가에서 길을 멈추고 점심을 먹었다. 그 옆에는 바위로 뒤덮인 산이 바다를 병풍처럼 둘러서서 굽어보고 있었다. 깎아지른 듯한 바위 꼭대기에 철쭉꽃이 참나무 숯불처럼 활활 타오르고 있었다. 수로부인은 철쭉꽃을 갖고 싶었다.

"누가 저기 저 꽃을 꺾어다 줄 사람이 없을까?"
수로부인이 종자들을 휘둘러보았다.

• 종자 : 남에게 딸리어 따라다니는 사람
• 태수太守 : 각 고을의 으뜸 벼슬

지나가던 노인은 「헌화가」를 부르며 수로부인에게 철쭉꽃을 꺾어 바쳤다.

"사람이 발 붙여 올라갈 데가 못 됩니다."

종자들이 고개를 가로저었다.

그때 마침 어떤 노인이 암소를 끌고 그들 곁을 지나가다가 그녀의 말을 엿들었다. 그는 깎아지른 듯한 바위 위로 올라가, 그녀가 갖고 싶어 하던 철쭉꽃을 꺾어 왔다.

紫布岩乎邊希　　　지뵈 바회 ᄀᆞ새

執音乎手母牛放敎遣　자ᄇᆞ 온손 암쇼 노히시고

吾肹不喻慚肹伊賜等　나를 안디 붓그리샤ᄃᆞᆫ

花肹折叱可獻乎理音如　고ᄌᆞᆯ 것거 바도림다

붉고 짙은 바윗가에

손에 잡은 암소 놓게 하시고

나를 아니 부끄러워하시면

꽃을 꺾어 바치오리다.

그가 노래를 부르며 수로부인에게 꽃을 바쳤다.

신라인의 미의식을 살펴볼 수 있는 작품인 「헌화가」

4구체의 서정적 향가인 「헌화가獻花歌」는 암소를 끌고 가든 어느 노인이 수로 부인에게 벼랑에 핀 꽃을 꺾어 바친다는 설화를 배경으로 하고 있다. 그 노인이 어떤 사람인지는 알 수 없었다. 다만 그가 암소를 몰고 다녔기 때문에 견우옹牽牛翁이라고 하였다고 전한다. 견우옹이 누구인가에 대해서는 선승禪僧, 농사신, 신선, 남자 무당 또는 단순한 촌노인 등으로 다양하게 해석되고 있다.

「헌화가」는 민요적인 성격을 띤 서정 가요로 암소를 몰고 다니는 노인이 수로부인의 아름다움을 노래하고 있어 당시 신라인의 소박하고 보편적인 미의식을 살펴볼 수 있는 작품이다.

「해가」 – 수로부인을 내놓으라는 노래

순정공 일행은 다시 이틀 길을 갔다. 바닷가에 소나무 휘추리 사이로 정자가 보였다.

"저기서 점심을 먹고 가자."

순정공이 정자를 가리켰다.

그들이 점심을 맛있게 먹고 있을 때였다. 갑자기 용이 나타나, 수로부인을 낚아채 가지고 바다 속으로 들어갔다.

"이 일을 어찌 하면 좋을꼬!"

순정공이 땅을 치며 주저앉았다. 종자들은 이리저리 허둥댔으나 아무런 계책이 없었다. 이때 한 노인이 나타났다.

"옛 사람이 말하기를 여러 입이 떠들면 쇠라도 녹여 낸다고 했는데 지금 그까짓 바다 속에 있는 용이 어찌 여러 사람의 입을 두려워하지 않겠습니까? 부근의 백성들을 시켜 노래를 지어 부르면서 막대기로 언덕을 두드리면 부인을 찾을 수 있겠습니다."

노인이 말했다.

순정공은 백성들을 불러 오게 했다. 그리고 백성들을 시켜 노인의 말대로 하게 했다.

구호구호출수로	龜乎龜乎出水路
약인부녀죄하극	掠人婦女罪何極
여약패역불출현	汝若悖逆不出獻
입망포략번지끽	入網捕掠燔之喫

거북아 거북아 수로부인을 내어 놓아라.

남의 아내 빼앗아 간 죄가 얼마나 큰가

네가 만약 거역하고 내놓지 않으면,

그물로 너를 잡아 구워 먹으리.

백성들이 노래를 부르며 막대기로 언덕을 두드렸다.

바닷물이 하늘로 치솟으며 용이 바다에서 나와 부인을 바쳤다.

"바닷속은 어떠하였소?"

순정공이 물었다.

"일곱 가지 보배로 꾸민 궁전에 음식은 달고 향기로우며 깨끗하여 인간

세상의 음식이 아니었습니다."

수로부인이 대답했다.

수로부인의 옷에서는 이상한 향내가 풍겨 나왔다. 일찍이 인간 세상에

서 맡아 보지 못한 향내였다.

「구지가」와 비슷한 「해가」

백성들이 부른 노래는 「해가海歌」였다. 「해가」는 내용과 주제가 『삼국유

사』 『가락국기』에 들어 있는 「구지가」와 비슷하다. 그러나 「구지가」는 4언 4

구체 노래이고, 「해가」는 7언 8구체 노래이다. 그리고 내용도 「해가」가 더

구체적이다. 우리는 「해가」를 통해 고대인들의 언어에 대한 생각을 엿볼

수 있다. 고대인들은 언어에 주술적인 힘이 있다고 생각했던 것으로 보인다. 「해가」는 고대인들이 언어가 갖고 있는 주술적인 힘을 믿고 불렀던 노래였던 것이다. 고대의 원시 신앙에서 용과 거북은 둘 다 신으로 숭배되었다. 「해가」에서 수로부인을 납치해 간 것은 용인데 백성들이 "거북아, 거북아, 수로부인을 내어 놓아라."라고 노래 부르고 있는 것은 우리 옛말에서 신은 '검'으로 '거북'을 나타내고 있기 때문인 것으로 해석된다.

「원가」 – 약속을 잊은 왕을 원망하는 노래

효성왕이 아직 왕위에 오르지 않았을 때였다. 그는 어진 선비 신충과 함께 대궐 뜰에 있는 잣나무 아래에서 바둑을 두곤 했다.

"이 다음에 내가 그대를 잊어버린다면 이 잣나무와 같으리라!"

어느 날 그가 신충에게 말했다.

"감사합니다."

신충이 일어나 그에게 절을 하였다.

몇 달 뒤에 효성왕이 왕위에 올랐다. 그는 공로 있는 신하들에게 상금과 벼슬을 내렸다. 그러나 신충을 잊어버리고 대상에서 빠트렸다.

신충은 효성왕을 원망하며 노래를 지어 그 잣나무에 붙였다.

物叱好支栢史	물흿 자시
秋察尸不冬爾屋支墮米	ᄀᆞ을 안들 이우리 디매
汝於多支行齊敎因隱	너 엇뎨 니저 이신
仰頓隱面矣改衣賜乎隱冬矣也	울월던 ᄂᆞ치 겨샤온딕

月羅理影支古理因淵之叱　　둜 그림직 녓 모샛

行尸浪 阿叱沙矣以支如支　　녈 믌결 애와티둣

皃史沙叱望阿乃　　　　　　즈사 ㅂ라나

世理都之叱逸烏隱第也　　　누리도 아쳐론 데여

뜰의 잣나무

가을이 되어도 이울지 않으니

너를 어찌 잊으리 하시던

우러러 보던 낯이 계시온데

달 그림자가 옛 못의

가는 물결 원망하듯이

그 얼굴을 바라보지만

세상도 싫은지고!

이 「원가」를 나무에 붙이자 싱싱하던 잣나무 잎이 누렇게 시들어 버렸다. 효성왕이 이것을 이상스럽게 여겨 신하를 시켜 조사해 보도록 하였다. 신하가 잣나무에 붙어 있는 「원가」를 발견해 효성왕에게 갖다 바쳤다.

"나랏일에 바쁘다 보니 가깝게 지내던 사람을 잊어버릴 뻔했구나."

효성은 신충을 대궐로 불러 벼슬을 주었다.

그러자 잣나무 잎사귀가 파릇파릇 새싹이 돋아나기 시작했다.

효성왕이 왕위에 오른 지 6년 만에 세상을 떠나자, 그의 동생 경덕왕이 왕위에 올랐다.

763년, 신충이 두 친구와 서로 약속하고 벼슬을 버리고 남악으로 들어 갔다. 경덕왕이 거듭 그를 불렀으나 가지 않고 머리를 깎고 스님이 되었다. 그는 경덕왕을 위하여 단속사를 세우고, 그곳에 살았다.

"……저는 산골짜기에서 몸을 바치며 살면서 상감마마의 복이나 빌겠습니다. 허락하여 주옵소서."

신충의 편지를 받고, 경덕왕은 그의 마음을 돌이킬 수 없음을 알았다.
"신충의 뜻대로 하게 하라."
마침내 경덕왕은 허락해 주었다.

능란한 처세술이 작품 전편에 녹아 있는 향가, 「원가」

『삼국유사』 권5 '신충괘관조信忠掛冠條'에 배경 설화와 함께 실려 있는 「원가怨歌」는 효성왕 때 신충信忠이 지은 작품으로 주술적 성격을 가진 10구체 향가이다. 그러나 「혜성가」처럼 보편적인 주술이 작품 전편에 녹아 있는 향가가 아니라, 신충이라는 진골 귀족의 능란한 처세술이 작품 전편에 녹아 있는 향가이다.

효성왕은 성덕왕 때에 정상화된 당나라와의 외교적 관계를 더욱 강화하였다. 그리고 그뿐만 아니라 외교적 통로를 이용하여 당나라의 선진문물을 수입하였다. 특히 효성왕 2년인 738년, 당나라 사신 형숙이 신라에 올 때 『노자도덕경』을 비롯한 많은 책을 갖고 와 효성왕에게 바쳤다.

다음 해 739년, 의충이 죽자 이찬 벼슬에 있던 신충은 시중이 되었다. 그 이듬해 파진찬 영종의 반란 사건이 있었으나, 모두 평정되었다. 이 사건은 전제 왕권 아래에서 억압되어 있던 귀족 세력이 왕권의 약화를 틈타 다시 세력을 뻗치기 시작하였음을 나타내는 것이다.

효성왕이 왕위에 오른 지 6년 만에 세상을 떠나자, 그의 동생 경덕왕이 왕위에 올랐다. 경덕왕은 귀족 세력이 뻗어나는 것을 억제시키기 위하여 전제 왕권 제도를 강화하려고 지방 9개 주와 군현의 명칭 그리고 벼슬자리 이름을 모두 당나라식으로 바꿨다. 경덕왕은 벼슬아치들의 월봉을 없애고 녹읍을 다시 부활시켰다. 이것은 귀족 세력이 강화되는 결과를 가져왔다. 경덕왕 말기에 정치적으로 성장한 귀족 세력은 763년에 경덕왕의 측근 세력이었던 상대등 신충과 시중 김옹을 벼슬자리에서 밀어냈다. 이러한 것을 볼 때 경덕왕의 전제 왕권 강화 정책은 실패했다고 할 수 있다.

「안민가」 – 유교적 이념을 노래한 유일한 향가

경덕왕이 나라를 다스린 지 24년 되던 해인 765년에 오악五嶽과 삼산三山의 신神들이 때때로 궁전 뜰에 나타나 대왕을 모시곤 하였다. 3월 3일 날에 왕은 반월성의 귀정문 누각에 올라 좌우에 있는 신하들을 휘둘러보았다.

"누가 길에 나가 큰 뜻을 지닌 스님 한 분을 데려올 수 없겠는가?"

경덕왕이 천천히 입을 뗐다.

그때 마침 훌륭하게 차린 승려가 거리를 어슬렁어슬렁 걸어가고 있었다. 신하들이 쫓아가 그를 데리고 왔다.

 2부

통일 신라의 문화

"내가 말하는 훌륭한 스님이란 저런 스님이 아니다. 물러가게 하라."

경덕왕은 그 승려를 보고 나서 말했다.

또 다시 승려 한 사람이 누비옷에 벗나무로 만든 통을 지고 남쪽으로부터 오고 있었다. 경덕왕은 반가운 마음으로 그를 문루 위로 맞아들였다.

경덕왕이 그가 둘러맨 통 속을 살펴보았다. 다른 것은 없고 차 달이는 도구가 들어 있을 뿐이었다.

"그대는 누구인가?"

경덕왕이 물어보았다.

"충담이옵니다."

그가 대답했다.

"어디서 오는 길인가?"

"제가 해마다 3월 3일과 9월 9일이면 남산 삼화령에 있는 미륵세존님께 차를 달여 올립니다. 지금도 차를 달여 올리고 막 돌아오는 길입니다."

"나도 차 한 잔을 마셔 볼 수 있겠는가?"

경덕왕이 물었다.

충담사는 곧 차를 달여 그에게 바쳤다. 차 맛이 희한하고 찻잔 속에서 이상한 향기가 진하게 풍겨 나왔다.

"내가 일찍이 들거늘, 대사가 기파랑을 찬미하는 사뇌가^{향가}를 지었고, 그 뜻이 매우 높다고들 하던데 정말 그러한가?"

경덕왕이 물었다.

"그러하옵니다."

충담사가 대답했다.

"그러면 나를 위해 백성을 다스려 편안하게 하는 노래를 지어 주오."

"그렇게 하겠나이다."

충담사는 「안민가」를 지어 바쳤다.

君隱父也	君은 어비여,
臣隱愛賜尸母史也	臣은 ᄃᆞᆺ샬 어시여
民焉狂尸恨阿孩古爲賜尸知	民은 얼혼 아히고 ᄒᆞ샬디
民是愛尸知古如	民이 ᄃᆞᆺ을 알고다
窟理叱大肹生以支所音物生	구믈ㅅ다히 살손 物生
此肹喰惡支治良羅	이흘 머기 다ᄉᆞ라
此地肹捨遣只於冬是去於丁爲尸知	이 ᄯᅡ흘 ᄇ리곡 어듸 갈뎌 홀디
國惡支持以支知古如	나라악 디니디 알고다
後句君如臣多支民隱如爲內尸等焉	아으, 君다이 臣다이 民다이 ᄒᆞᄂᆞᆯ든
國惡太平恨音叱如	나라악 太平ᄒᆞ니잇다

임금은 아버지요

신하는 사랑을 주시는 어머니요

백성은 어린 아이로 여기시면

백성이 사랑받음을 알 것입니다.

구물거리며 사는 백성들

이들을 먹여 다스리시니

이 땅을 버리고 어디로 갈 것인가 한다면
나라를 보존할 길을 알 것입니다.
아, 임금답게, 신하답게, 백성답게 한다면
나라 안이 태평하오리다.

경덕왕은 이를 칭찬하고 충담사에게 왕사王師의 직책을 내렸다. 그러나
그는 공손히 절하면서 사양하고 그 직책을 받지 않았다.

백성을 편하게 하고자 한 현실 효용적인 향가, 「안민가」

『삼국유사』 권2 「기이편」 '경덕왕충담사표훈대덕조'에 실려 전하는 「안민
가安民歌」는 유교 사상이 짙게 드러나 있는 10구체 향가로 백성을 다스려
편안하게 하고자 한 현실 효용적인 측면이 있는 향가이다.

• 충담사의 「안민가」를 새긴 비

「찬기파랑가」 – 기파랑을 찬양하는 노래

咽鳴爾處米	열치매
露曉邪隱月羅理	나토얀 드리
白雲音逐于浮去隱安支下	힌 구룸 조초 떠가는 안디하
沙是八陵隱汀理也中	새파른 나리여히
耆郎矣皃史是史藪邪	耆郎기랑이 즈시 이슈라
逸烏川理叱磧惡希	일로 나리ㅅ 지벽히
郎也持以支如賜烏隱	郎이 디니다샤온
心未際叱肹逐內良齊	ᄆᄉᄆᆡ ᄀᆞ홀 좇누아져
阿耶栢史叱枝次高支好	아으 잣ㅅ가지 놉허
雪是毛冬乃乎尸花判也	서리 몯누올 花判여

열어젖히며

나타난 달이

흰구름 좇아 떠가는 것 아니냐?

새파란 냇가에

기파랑의 얼굴이 있구나.

이로부터 냇가의 조약돌에

낭이 지니신

마음의 끝까지 좇고 싶구나.

아! 잣나무 가지 높아

서리를 모르실 화랑의 우두머리여!

「찬기파랑가」는 기파랑을 찬양하는 향가이다.

10구체 향가 중 최고의 경지를 보여 주는 「찬기파랑가」

『삼국유사』 권2 「기이편」 '경덕왕충담사표훈대덕조'에 실려 전하는 「찬기파랑가贊耆婆郞歌」는 10구체의 향가로 경덕왕 때 충담사가 화랑 기파랑을 추모하여 지은 노래였다. 이 노래는 달·시냇물·조약돌·서리·잣나무 등과 같은 자연물로 표상된 기파랑을 고아하고 사유하는 성자로 묘사

한 서정시이며 당시 화랑의 지도자였던 기파랑의 높은 인격을 찬양하고 있다. 고도의 은유와 상징법을 사용하였으며, 문답법·영탄법·돈호법을 써서 기파랑에 대한 흠모의 정을 더욱 강조한 것이 표현상의 특징이라고 할 수 있다.

「찬기파랑가」는 향가 가운데 표현 기교가 뛰어난 작품으로 평가받고 있다. 10구체 향가 중 최고의 경지를 보여 주는 작품이며 유일한 문답 형식의 희곡적 체제를 갖춘 향가이다.

「천수대비가」 – 눈 먼 딸을 위한 어머니의 기원

한기리에 살고 있는 희명이 여자 아이를 낳았다. 여자 아이는 세상에 태어난 지 5년 만에 갑자기 눈이 멀게 되었다. 하루는 희명이 그 아이를 안고 분황사로 갔다. 그녀는 왼편 전각 북쪽 벽에 그린 천수관음 앞에 나아가서 「천수대비가千手大悲歌」라는 노래를 지어 아이를 시켜 빌게 하였다.

膝肹古召旀	무루플 고조며
二尸掌音毛乎支內良	둘숀바당 모호누아
千手觀音叱前良中	千手觀音ㅅ 前 아히
祈以支白屋尸置內乎多	비술볼 두누오다.
隱手叱千隱目肹	즈믄 손ㅅ 즈믄 눈흘
一等下叱放一等肹除惡支	ᄒᄃᆞᆫ흘 노ᄒ ᄒᄃᆞᆫ흘 더웁디
二于萬隱吾羅	둘 업는 내라

133

一等沙隱賜以古只內乎叱比等邪阿邪也　ᄒᆞ든ᅀᅡ 그ᅀᅳᅀᅵ 고티누웃다라
吾良遣知支賜尸等焉　　　　　　　아으으 나애 기티샬든
放冬矣用屋尸慈悲也根古　　　　　노틱 뿔 慈悲여 큰고

무릎 꿇고

두 손바닥 모아

천수관음 앞에

비옵나이다!

천 개의 손, 천 개의 눈을 가졌으니

하나를 내놓고 하나를 덜어서

둘 다 없는 이 몸이니,

하나만이라도 그윽이 고쳐 주시옵소서.

아아! 나에게 주오시면,

놓되 베푼 자비가 얼마나 클 것인가!

드디어 아이는 눈을 뜨게 되었다.

종교적 서정시이자 10구체 향가인 「천수대비가」

『삼국유사』 권3 '분황사천수대비맹아득안조'에 전하는 「천수대비가千手大
悲歌」는 「천수관음가」·「도천수대비가禱千手大悲歌」·「맹아득안가盲兒得眼歌」
등이라고도 한다. 천 개의 손과 그 손바닥마다 박혀 있는 천 개의 눈을 가
진 천수관음千手觀音에게 자식의 눈이 낫기를 간절히 기원하는 어머니의

종교적 신심을 바탕으로 한 종교적 서정시로 10구체 향가이다.

당시의 관음 신앙이 민간에 깊이 스며들었음을 살펴볼 수 있는 「천수대비가」의 지은이는 경덕왕 때 희명이라는 여인의 아들이 지어 부른 것으로 알려져 있다. 그러나 어린 아이나 그 어머니가 이 노래를 지었다고 보는 것은 무리이고, 분황사의 한 승려가 만들어 놓은 사뇌가 형식의 기도문을 아이가 왼 것으로 보는 것으로 보는 견해도 있다.

「모죽지랑가」 – 죽지랑을 그리워하는 노래

죽지랑의 아버지는 진덕여왕 때 대신을 역임한 술종공이었다. 그가 일찍이 삭주도독사로 임명되어 장차 임지로 가게 되었다. '삭주도독사'는 지금의 강원도 춘천 지방을 비롯한 강원도 서북부 일대를 관할하는 지방 장관이었다. 이때 난리가 일어나 기병 3천 명으로써 그를 호송해 보냈다.

술종공 일행이 죽지령에 이르렀다. 한 거사가 고갯길을 닦고 있었다. 술종공은 그것을 보고 감복하였다. 그 거사도 또한 술종공의 위세가 혁혁함이 마음에 들었다. 두 사람은 서로 잊지 못할 인상을 가지게 되었다.

술종공이 삭주에 부임한 지 한 달이 지나간 어느 날 밤이었다. 죽지령의 길을 닦아 주던 그 거사가 방안으로 들어오는 꿈을 꾸었다. 그의 부인도 이 같은 꿈을 꾸었다. 놀라운 일이 아닐 수 없었다.

이튿날 술종공은 사람을 보내어 그 거사의 안부를 물어보았다. 그곳 사람들이 말하기를 거사는 벌써 죽은 지가 여러 날 되었다는 것이다. 사자

135

가 돌아와서 그가 죽은 소식을 전하였다. 술종공이 그 거사의 죽은 날을 따져 보니, 바로 술종공 부부가 거사가 방안으로 들어오는 꿈을 꾼 날과 같은 날이었다.

"아마도 거사가 우리 집에 태어나려나 보다."

술종공은 다시 군사를 보내어 죽지령 위의 북쪽 봉우리에다가 거사를 장사지내고 돌로 미륵을 만들어 그 무덤 앞에 세워 주었다.

술종공의 아내는 거사가 방안으로 들어오는 그 꿈을 꾼 날 아기를 가지게 되었다. 마침내 그녀가 사내아이를 낳았다. 거사가 닦고 있던 고갯길의 이름을 따서 죽지라고 이름을 지었다.

죽지는 자라서 벼슬을 하였다. 그는 장군이 되어 대장군 김유신, 장군 천존 등과 함께 신라 국경 안으로 쳐들어온 백제 군사들을 도살성에서 크게 깨트려 이름을 떨쳤다. 그 뒤 그는 김유신과 삼국을 통일하고 진덕여왕·태종무열왕·문무왕·신문왕, 4대의 조정에 대신이 되어 나라를 안정시켰다.

효소왕 때에 죽지랑이 거느리는 낭도 가운데 급간 득오라는 한 낭도가 있었다. 그는 화랑도의 명부에 이름이 올라 있었다.

그는 날마다 출근을 하더니 열흘이 지나도록 보이지 않았다.

죽지랑은 득오의 어머니를 불렀다.

"네 아들이 어디로 갔느냐?"

죽지랑이 물었다.

" 당전으로 있는 모량부의 아간 익선이 우리 아들을 부산성의 창고 지기로 임명하여 그곳으로 서둘러 가느라고 길이 바빠서 미처 낭에게 하직 인사를 드릴 겨를이 없었습니다."

"네 아들이 만약에 사사로운 볼 일로 거기에 갔다면 구태여 찾아볼 것도 없겠지마는 공적인 일로 갔다 하니 찾아보고 음식 대접이라도 해야겠다."

죽지랑은 떡 한 함지와 술 한 항아리를 하인들에게 들게 하여 길을 떠났다. 화랑의 무리 137명도 위의를 갖추고 그 뒤를 따랐다. 죽지랑 일행은 부산성에 이르렀다.

"득오가 지금 어디에 있느냐?"

죽지랑이 문지기에게 물었다.

"지금 익선의 밭에서 일을 하고 있습니다."

문지기가 대답했다.

죽지랑은 익선의 밭으로 가서 득오를 만났다. 그는 가지고 간 술과 떡으로 득오를 먹였다.

"득오에게 휴가를 주어 저와 함께 같이 돌아갈 수 있도록 해 주십시오."

죽지랑이 익선에게 간청했다.

• 당전幢典 : 오늘날의 부대장에 해당하는 신라 때의 군직
• 모량부 : 신라 수도인 경주 의 행정조직체인 6부 가운데 하나
• 아간 : 신라 17관등 가운데 여섯째 등급의 벼슬
• 부산성 : 지금의 경북 경주시 건천읍 송선리에 있는 신라 시대 석축산성

"그렇게 할 수는 없습니다."

익선은 한마디로 거절했다.

그때 수송의 임무를 띤 벼슬아치인 사리로 있던 간진이 추화군 능절의 벼 30석을 거두어 성안으로 옮겨가다가 이 일을 알았다. 그는 죽지랑이 부하를 소중히 여기는 품격을 내심 찬미하는 한편, 익선의 그 사람됨이 어둡고 막힌 것을 비루하게 여겼다. 그는 가지고 가던 벼 30석을 익선에게 주고서 곁들여 죽지랑의 청을 들어주라고 권했다. 그래도 익선은 승낙하지 않았다. 간진은 다시 진절의 말과 안장을 주었다. 그제야 익선은 승낙했다.

조정에 있는 화랑을 맡은 벼슬아치가 이 사실을 듣고서 사자를 보내어 익선을 잡아다가 그 더러운 때를 씻겨 주려 했다. 익선이 도망하여 숨어 버렸기 때문에 그의 큰 아들을 잡아갔다. 때는 바로 동짓달, 매우 추운 날이었다. 성안 못에서 목욕을 시켰더니 얼어 죽었다.

효소왕이 익선의 일을 듣고서 몹시 화를 냈다.

"모량리 사람으로서 벼슬자리에 있는 사람들은 모두 내쫓아서 다시는 관청에 발을 못 붙이게 하고, 중이 되는 것도 금지하여 이미 중이 된 사람이라면 큰 절에는 못 들어서도록 하라. 그리고 간진의 자손은 표창하도록 하라."

───────────────

• 추화군 : 지금의 경남 밀양시

효소왕이 신하들에게 명령을 내렸다.

낭도 득오가 죽지랑을 사모하여 노래를 읊었다.

隱春皆理米	간 봄 그리매
毛冬居叱沙哭屋尸以憂音	모둔 것사 우리 시름.
阿冬音乃叱好支賜烏隱	아룸 나토샤온
皃史年數就音墮支行齊	즈싀 살쯈 디니져.
目煙廻於尸七史伊衣	눈 돌칠 스이예
逢烏支惡知作乎下是	맛보옵디 지소리.
郎也慕理尸心未行乎尸道尸	낭郎이여 그릴 ᄆᆞᄉᆞᄆᆡ 녀올 길
蓬次叱巷中宿尸夜音有叱下是	다봊 굴허헤 잘 밤 이시리.

지나간 봄 그리며

모든 것이 울며 시름하는구나.

아름다움 나타내신

얼굴에 주름살이 지려 한다.

눈 깜박할 사이나마

그대를 만나 보고자 한다.

낭이여, 그대 그리워 마음 가는 길은

다북쑥 우거진 마을에서 잘 밤 있으리.

139

죽지랑이 벼슬아치인 익선에게 수모를 당하는 모습에서
위엄을 잃어가는 화랑을 모습을 볼 수 있다.

세력을 잃어가고 있는 화랑의 모습을 살펴볼 수 있는 「모죽지랑가」

『삼국유사』 권2 '효소왕대 죽지랑조'에 관련 설화와 함께 가사가 전하는

「모죽지랑가慕竹旨郎歌」는 낭도 득오가 죽지랑을 사모하여 부른 노래로 8구

체 향가이다.

죽지랑은 위엄과 위의를 지니고 있어 지난 날 사람들에게 존경을 받았

던 늙은 화랑이다. 그러한 그가 아간 벼슬을 가진 벼슬아치인 익선에게 수모를 당하는 모습이 관련 설화에 잘 그려져 있다. 이것을 통해 우리는 그 위엄과 위의를 상실해 간 화랑 죽지의 모습을 통해 세력을 잃어 가고 있는 화랑의 모습을 살펴볼 수 있다.

「우적가」 – 영재가 도적 떼를 만나 지은 향가

원성왕 7년인 791년, 이찬 제공이 반란을 일으켰으나 곧 제압하였다. 이 반란의 성격은 자세히 밝혀져 있지는 않으나, 이미 통일 신라 사회가 쇠약해 가고 있다는 조짐을 보인 것이라고 할 수 있다. 이러한 조짐은 영재가 만난 도적 떼에서도 드러난다.

스님 영재는 성품이 익살스럽고 물욕에 구애됨이 없이 향가를 잘했다. 늙어 버린 판에 남악에 들어가 숨어 살아가고자 대현령에 이르렀다. 그곳에서 그는 60여 명의 도적 떼와 마주쳤다. 그들은 영재를 죽이려고 했다. 그러나 영재는 도적들의 칼날 앞에서 조금도 두려워하는 기색이 없이 태연스럽게 대했다. 도적 떼의 우두머리가 고개를 갸웃거렸다.

"이름이 뭐냐?"

도적떼의 우두머리가 물었다.

"영재라고 하오."

영재가 짧게 대꾸했다.

"스님이 향가를 잘 짓는다는 영재 스님이시오? 아이쿠, 이거 잘못했습니다."

도적 떼의 우두머리가 영재를 겨누었던 칼을 거두었다.

"나무 관세음보살."

"우리를 위하여 향가 한 수를 지어 주시오, 스님."

"향가 한 수를 지어 달라고?"

영재는 도적떼의 우두머리를 힐끗 쳐다본 다음 천천히 노래를 부르기 시작했다.

自矣心米	제 ᄆᆞᅀᆞᆷ애
皃史毛達只將來吞隱日	즁 모ᄃᆞ렷단 날
遠鳥逸口口過去知遣	머리 □□ 디나시고
今吞藪未去遣省如	열쯘 수메 가고쇼다
但非乎隱焉破口主	오직 외온 破戒主
次弗口史內於都還於尸朗也	저플 즈쇄 ㄴ외 ᄯᅩ 돌려
此兵物叱沙過乎	이 잠글사 디내온
好尸日沙也內乎吞尼	됴홀 날 새누옷다니
阿耶 唯只伊吾音之叱恨隱澓陵隱	아으 오지 이오맛혼 善은
安支尙宅都乎隱以多	안디 새집 ᄃᆞ외니다

– 양주동 『고가 연구』

제 마음의

하는 짓 모르려 하던 날

멀리 □□ 지나치고

이제는 숨으려 가나이다.

오직 그릇된 파계주의

무서운 모습에 또 다시 돌아가리!

이런 무기야 아무렇지 않으오

좋은 날이 새어 올까 보냐

아! 오직 요만한 선은

새 집이 안 되니이다.

영재가 부르는 「우적가遇賊歌」를 들은 도적들은 그 뜻에 감동하여 비단 두 필을 영재에게 주었다.

"재물이 지옥으로 떨어지는 근본임을 느껴 장차 깊은 산중으로 피하여 한평생을 보내려고 하는데 어찌 감히 이것을 받겠는가?"

영재가 웃으면서 비단을 땅에 던졌다.

도적 떼가 영재의 말에 감동해 모두 칼과 창을 내던지고, 머리를 깎고 그의 제자가 되었다. 영재는 그들과 함께 지리산으로 들어가 다시는 세상에 나오지 않았다.

향가가 일반화되어 있었다는 사실을 알 수 있는 「우적가」

신라 원성왕 때 승려 영재가 지은 10구체 향가인 「우적가」는 『삼국유사』 권5 '영재우적조'에 실려 전한다. '도적 만난 노래'라는 뜻을 가진 「우적가」는 승려 영재가 깊은 산중인 남악에 도를 닦으러 가던 길에 도둑을 만났다. 영재는 재물에 눈이 어두운 도둑들에게 삶의 참뜻과 바른 길을 제시하여' 도적들을 설복시켰다. 이에 감동한 도적들은 칼을 버리고 머리를 깎

2부

통일 신라의 문화

고 영재의 제자가 되었다. 향가 작가가 아닌 승려 영재가 「우적가」를 지었다는 사실을 통해 그 시기에 향가가 일반화되어 있었다는 사실을 알 수 있다

「도솔가」 – 재앙이 물러가기를 꿈꾸며 부른 노래

760년 4월 초하룻날 두 태양이 나란히 나타나 열흘이 되도록 사라지지 않았다. 일관이 경덕왕 앞에 머리를 조아렸다.

"태양이 둘이 나란히 나타나다니……. 어떻게 하면 좋을꼬?"

경덕왕이 근심스러운 얼굴로 일관을 내려다보았다.

"인연이 닿는 스님을 청하여 *산화공덕을 베풀면 그 재앙이 물러갈 것입니다."

그가 아뢰었다.

경덕왕은 조원전에 깨끗이 단을 설치하고 청양루로 거동하여 인연 있는 스님을 기다렸다. 그때 월명사가 밭둑길로 걸어가고 있었다.

"저 스님을 모셔오도록 하라."

경덕왕이 월명사를 가리켰다.

이윽고 벼슬아치가 월명사를 모시고 왔다.

"그대가 단에 올라가 기도문을 짓도록 하시오."

경덕왕이 월명사에게 명령했다.

• 산화공덕散花功德 : 꽃을 뿌려 부처님께 공양하여 공덕을 닦는 것

"저는 단지 화랑의 무리에 속했을 따름이라 안다는 것이 그저 향가뿐이요, [•]범성은 잘 모릅니다."

월명사가 사양했다.

"이왕 인연 닿는 스님을 만났으므로 향가를 사용하더라도 좋소."

경덕왕이 말했다.

월명사는 「도솔가兜率歌」를 지어 읊기 시작했다.

今日此矣散花唱良	오늘 이에 散花 블어
巴寶白乎隱花良汝隱	색 쑬본 고자 너는
直等隱心音矣命叱使以惡只	고돈 무ㅅ미 命ㅅ 브리옵디
彌勒座主陪立羅良	彌勒座主 뫼셔롸.

오늘 이리 산화가를 불러

뽑히어 나온 꽃이여, 너는

곧은 마음의 명命을 받들어 그대로

미륵좌주를 모셔라

월명사가 「도솔가」를 다 읊고 난 얼마 뒤, 하늘에 나란히 나타났던 두 개의 태양이 사라졌다. 경덕왕은 월명사를 가상히 여겨 좋은 차 한 봉지와

• 범성梵聲 : 불교의 찬불가인 범패를 가리키는 말

• 월명사의 「도솔가」가 기록된 『삼국유사』

수정 염주 1백 8개를 주었다. 바로 그때였다. 깨끗한 옷차림을 한 어린아이 하나가 차와 염주를 받들고 대궐의 서쪽 작은 문에서 나왔다.

월명사는 그가 내궁에서 심부름하는 아이일 것이라고 생각했다. 그리고 경덕왕은 월명사의 상좌일 것이라고 생각했다. 그러나 서로 알아보니 그는 내궁의 심부름하는 아이도 아니요, 월명사의 상좌도 아니었다.

"매우 이상한 일이도다. 저 어린아이를 가만히 따라 가 보도록 하라."

경덕왕이 사람을 시켜 뒤따르게 하였다.

어린아이는 안 뜰의 탑 속으로 사라지고 그 차와 염주는 남쪽 벽에 그린 미륵상 앞에 놓여 있었다. 마침내 월명사의 지극한 덕과 정성이 이렇게도 부처님을 감동시킬 수 있음을 알았다. 서울이나 시골이나 할 것 없이 이 소문이 퍼져나갔다.

경덕왕은 월명사를 더욱 존경하여 다시 비단 1백 필을 선사하여 정성을 표했다.

한층 더 깊이 읽기

유리왕 대의 「도솔가」와 경덕왕 대 월명사의 「도솔가」

「도솔가」는 유리왕 대의 것과 가사가 전하는 경덕왕 대의 월명사의 「도솔가」 두 종류가 있다. 유리왕 대 「도솔가」의 지은이와 가사는 전하지 않는다. 이 노래의 성격에 대해 우리나라 최초의 정형시가로 보는 견해, 집단적 서사시와 개인적 서정시의 중간 형식으로 보는 견해, 주술적·집단적인 것이 아닌 새로운 서정적 민요로 보는 견해 등이 있다. 그리고 월명사의 「도솔가」는 4구체 향가로 주술적이고 불교적인 색채를 띠고 있다.

「도솔가」는 미륵부처에게 소원을 비는 노래로 미륵신앙을 통해 나라가 태평하고 국민이 살기가 평안하기를 기원하는 것을 주제로 담고 있다.

• 내궁內宮 : 왕후, 왕후, 궁녀가 거처하는 궁전

「제망매가」 – 죽은 누이동생을 위한 노래

월명사는 일찍이 죽은 누이동생을 위하여 ˙재를 올릴 때 노래를 지어 제사를 지냈다. 그때 갑자기 광풍이 불어 지전이 날아 올라 서쪽 방향으로 사라졌다. '지전'은 종이를 돈 모양으로 오려 만든 것으로 옛날에는 신주神主 대신 지전을 만들어 붙여 놓고 제사를 지냈던 것이다.

월명사가 그때 부른 노래의 이름은 「제망매가祭亡妹歌」였다.

生死路隱	生死路는
此矣有阿米次肹伊遣	예 이샤매 저히고
吾隱去內如辭叱都	나는 가느다 말ㅅ도
毛如云遣去內尼叱古	몯다 닏고 가느닛고
於內秋察早隱風未	어느 ㄱ슬 이른 ㅂㄹ매
此矣彼矣浮良落尸葉如	이에 뎌에 떠딜 닙다이
一等隱枝良出古	ㅎ든 갖애 나고
去奴隱處毛冬乎丁	가논 곧 모ㄷ온뎌
阿也彌陀刹良逢乎吾	아으 彌陀刹애 맛보올 내
道修良待是古如	道 닷가 기드리고다

살고 죽는 길이

여기이승에 있으므로 두렵고

• 재齋 : 명복을 비는 불공

나는 간다는 말도

못다 이르고 갔는가.

어느 가을 이른 바람에

여기저기 지는 잎처럼

한 가지에서 나고서도

가는 곳 모르는구나.

아! 극락에서 만나 볼 나는

불도를 닦으며 기다리겠노라.

신라인의 죽음에 대한 의식 세계를 보여 주는 「제망매가」

「제망매가」는 뛰어난 표현 기교와 서정성이 돋보이는 작품이다. 누이의 죽음에 대한 슬픔과 허무함을 드러낸 10구체 향가로 『삼국유사』 권5에 실려 있다. 죽어가는 인간을 낙엽에 비유하고, '한 가지'라는 단어로 피붙이임을 표현했다. 잎은 여동생이다. 잎을 떨어뜨리는 바람은 죽음에 이르게 하는 신령스러운 힘을 의미한다. 나뭇잎과 바람에 '생사의 길'이 맺어져 이루어지는 은유는 고도의 시적 분위기를 느끼게 한다.

월명사는 항상 사천왕사에 살았다. 피리를 잘 불었다. 한번은 그가 달 밤에 피리를 불면서 사천왕사 앞 큰길로 지나갔다. 너무나 아름다운 피리 소리에 달마저 가던 길을 멈추었다고 한다. 그래서 그 길을 월명리라고 이름 지었다. 이 때문에 더욱 유명해진 그는 학덕이 높은 승려인 능준 대사의 제자였다.

작품 제목	작품 내용
「헌화가」	수로부인에게 철쭉꽃을 바치며 부른 노래
「해가」	수로부인을 내놓으라는 노래
「원가」	약속을 잊은 왕을 원망하는 노래
「안민가」	유교적 이념을 노래한 유일한 향가
「찬기파랑가」	기파랑을 찬양하는 노래
「천수대비가」	눈 먼 딸을 위한 어머니의 기원
「모죽지랑가」	죽지랑을 그리워하는 노래
「우적가」	영재가 도적 떼를 만나 지은 노래
「도솔가」	재앙이 물러가기를 꿈꾸며 부른 노래
「제망매가」	죽은 누이동생을 위한 노래

2. 통일 신라의 설화 문학

「욱면비 설화」 – 계집종 욱면이 염불을 하여 극락에 가다

경덕왕 때 강주의 남자 신자 수십 명이 극락으로 가고 싶은 뜻을 가지고 있었다. 그들은 고을 지경地境에 미타사란 절을 세우고 1만 일 동안을 두고 맹세를 정하였다. 그때 아간 벼슬에 있는 귀진의 집에 계집종 하나가 있었다. 그녀의 이름은 욱면이었다. 그녀는 주인을 모시고 미타사에 갔다. 그녀는 마당 한복판에 서서 중을 따라 염불을 하였다.

법당에서 염불을 마치고 나오던 귀진은 욱면이 마당 한복판에 서서 염불을 외고 있는 것을 보았다. 순간 그의 얼굴이 돌덩이처럼 굳어졌다.

'계집종 주제에……. 주제 파악을 못 하고 있구먼.'

귀진은 집으로 돌아오자마자 욱면을 안방으로 들어오게 했다.

• 강주 : 지금의 경남 진주시

151

"내일은 나를 따라 절에 올 필요가 없다. 그 대신 곡식 두 섬을 하룻밤 동안에 다 찧도록 해라."

귀진이 차가운 목소리로 말했다.

다음날, 욱면은 초저녁에 곡식 방아를 다 찧어 놓고 미타사로 갔다. 그녀는 밤낮 쉬지 않고 염불을 하였다. 욱면은 그 많은 곡식을 다 찧고 절에 갔으나 법당에 들어갈 수가 없었다. 그녀는 네 마당 좌우에 긴 말뚝을 세우고 노끈으로 두 손바닥을 꿰어 말뚝 위에 매고는 합장을 하면서 좌우로 흔들어 스스로를 격려했다.

바로 그때였다.

"욱면 낭자는 법당에 들어와 염불을 하라."

하늘에서 소리가 들렸다.

미타사의 중들이 이 소리를 들었다.

"욱면 낭자, 어서 법당으로 들어와 염불을 하세요."

중들이 자꾸 권했다.

 **조금 더 알아보기** '내 일 바빠서 한댁 방아' 속담의 유래

'내 일 바빠서 한댁 방아'라는 우리나라에서 제일 오래된 속담이 여기서 나왔다. 한댁 방아란 대가大家집 방아, 다시 말해 큰집의 방아라는 뜻으로, "염불해야겠다는 자기의 중요한 일 때문에 큰집의 방아를 빨리 찧어야겠다."는 뜻이 된다고 한다.

부처님의 가르침에 따르면 정토에 갈 수 있다는
정토 신앙이 신라 시대에 퍼져 있었다.

육면은 법당 안으로 들어갔다. 그녀는 전과 같이 열심히 염불을 외었
다. 그러자 얼마 안되어 서쪽 하늘에서 음악 소리가 들려왔다. 그때였다.
육면의 몸이 공중으로 둥둥 솟구치는 게 아닌가. 그녀는 대들보를 뚫고
올라가 서쪽 교외郊外로 가서, 그녀 자신의 본모습을 버리고 부처님의 모
습으로 변했다. 그녀는 연화대蓮花臺에 앉아 큰 빛을 내뿜었다. 이윽고 그
녀는 천천히 그곳을 떠나갔다. 음악소리가 하늘에서 오랫동안 그치지 않
았다.

「욱면비 설화」와 극락정토 사상

정토淨土란 부처가 사는 곳으로 번뇌의 속박을 벗어난 아주 깨끗한 세상을 말한다. 부처의 가르침에 따라 열심히 염불을 하거나 부처의 가르침에 따라 죽은 이의 명복을 빌기 위하여 착한 일을 많이 하면 부처가 사는 깨끗한 땅에 가서 살 수 있다는 정토 신앙이 신라 시대에 널리 퍼져 있었다.

염불을 함으로써, 다시 말해 아미타불을 믿음으로써 서방西方의 극락정토에 산몸으로 가서 살 수 있다는 신앙을 나타낸 대표적인 설화가 『삼국유사』 권5 「감통」의 「욱면비 설화」이다. 그리고 부처님의 가르침에 따라 죽은 이의 명복을 빌기 위하여 착한 일을 많이 하면 부처가 사는 깨끗한 땅

한층 더 깊이 읽기

「욱면비 설화」를 통해 아는 통일 신라 시대의 정토 신앙

「욱면비 설화」를 통해 우리는 몇 가지 사실을 알 수 있다. 첫째, 통일 신라 시대에 이르러서 정토 신앙이 널리 퍼져 있었다. 둘째, 이 신앙은 주로 사회적 신분이 낮은 사람들 사이에서 퍼져 있었다. 셋째, 신라 사람들은 염불을 하면 극락정토에 갈 수 있다고 믿고 있었다. 넷째, 현실 세상에 부정적인 염세 사상厭世思想과 깊은 관계가 있었다.

신라 시대는 우리나라 불교 역사상 정토 신앙의 전성기였다. 7, 8세기경 정토 사상을 이야기한 스님들은 자장, 원측, 원효, 의상, 현일 등이 있다. 그들은 우리나라 정토 신앙 역사에 중요한 책도 남겼다. 정토 신앙은 신라 말기 일반 백성들의 불안을 달래 주고, 이상세계인 극락정토를 그리워하게 하였다.

에 가서 살 수 있다는 정토 신앙의 유형은 『삼국유사』권2「기이」'문무왕 법민조'에 잘 나타나 있다.

김인문이 감옥에 있을 때 신라 사람들이 그를 위하여 절을 지어서 인용 사라고 이름하고 관음도량觀音道場을 개설하였다. 이것은 신라 사람들이 김인문이 이 세상에서 행복을 누리며 오래오래 살기를 바랐기 때문이었 다. 그런데 김인문이 죽은 뒤 관음도량은 미타도량彌陀道場으로 바뀌었다 고 한다. 이를 두고 여러 학자들은 김인문이 극락정토에 가서 살기를 신 라 사람들이 기원했다는 것을 의미한다고 말한다.

「조신 설화」 – 조신의 꿈

옛날 신라 때였다. 세달사라는 절의 농장이 명주 날리군에 있었다. 본사에서는 중 조신을 보내 농장을 맡아 관리하게 하였다. 조신은 농장에 와 있으면서 태수 김흔의 딸을 보고 첫눈에 반했다. 그는 여러 번 낙산사 에 가서 관음보살 앞에 나아가 그녀와 인연을 맺게 해 달라고 남 몰래 빌 고 또 빌었다. 그녀와의 사랑을 꿈꾸며 여러 해 동안 낙산사의 관음보살 에게 기도를 드렸다. 하지만 그녀는 다른 사람과 결혼을 해 떠나가 버리 고 말았다.

조신은 관음보살이 자기의 기도를 들어주지 않았다고 원망하며 슬피 울었다. 날이 저물 무렵까지 울던 조신은 깜박 잠이 들었다.

• 명주 : 지금의 강원도 강릉시
• 본사本寺 : 한 종파에 딸린 절을 통합하는 큰 절

꿈결에 조신이 그리던 김씨 처녀가 환한 얼굴로 문을 열고 들어섰다.

"일찍이 스님을 처음 뵌 마음속 깊이 사모하여 잠시도 스님을 잊은 적이 없었어요. 부모님의 명령에 마지못해 다른 사람에게 시집을 갔지만, 스님을 그리워하다 못해 죽어서도 스님과 한 무덤에 묻힐 반려가 되고자 이렇게 스님을 찾아왔어요."

김씨 처녀가 흰 이를 드러내면서 말했다.

조신은 매우 기뻐하며 그녀와 함께 고향으로 돌아갔다. 40여 년의 세월을 사는 동안 자녀 다섯을 낳았을 뿐, 집은 텅텅 빈 네 벽뿐이었다. 남은 것이라곤 없었다. 변변찮은 끼니거리도 댈 수 없어 입에 풀칠하기도 어려웠다. 이렇게 10년 세월 동안 사방을 떠돌아 다녔다. 너덜너덜해진 옷은 몸뚱이도 가리지 못했다. 명주의 해현고개를 넘다가 열다섯 먹은 큰아이가 굶어 죽었다. 가슴이 찢어지는 것만 같았다. 통곡을 하며 큰아이의 시체를 거두어 길가에 묻었다. 부부는 남은 사람은 그래도 살아야겠다고 생각하고, 살아남은 자식들을 데리고 우곡현으로 갔다. 길가에 띠풀로 집을 짓고 살았다. 그들은 이미 늙은 데다 병에 시달리고 있었다. 그나마 열다섯 난 딸아이가 이 집 저 집 돌아다니며 구걸해서 밥을 얻어와 굶주림을 면할 수 있었다. 그러던 어느 날 그 딸아이마저 마을 개에게 물려 방에 누워 있게 되었다. 부부는 아파서 울부짖는 딸아이가 안쓰러워 눈물을 참지 못하고 하염없이 울었다.

"내가 당신과 처음 만났을 때 당신은 젊은 나이에 얼굴도 옷차림도 깨끗했습니다. 한 가지라도 맛있는 음식이 생기면 당신과 나눠 먹고, 옷감이 생기면 당신과 함께 옷을 지어 입었습니다. 이럭저럭 50년을 살아오면서 우리 부부의 정은 깊어지고 사랑도 두터워진 것이 사실입니다. 그러나 날이 갈수록 늙어 기력이 약해지고, 병 때문에 겪는 괴로움은 더욱 깊어지고, 춥고 배고픔은 우리를 나날이 고달프게 하고 있지 않았습니까?

남의 집 곁방살이를 하며, 간장 한 병 구걸하는 것도 사람들이 용납해 주지 않았습니다. 수많은 집의 문앞마다 걸식하는 부끄러움은 무겁기가 산더미 같았습니다. 아이들이 추위에 떨고 굶주림에 지쳐 있어도 그걸 면하게 해 주질 못했습니다. 이런 판국에 우리가 어느 겨를에 부부의 애정을 즐기겠습니까? 젊은 시절의 어여쁜 얼굴과 아름답게 느껴지던 웃는 모습은 풀잎 위의 이슬 같고, 굳고도 향기롭던 언약들도 하나같이 바람에 흔들리는 버들가지처럼 부질없는 것이 아니었는가 싶습니다.

곰곰이 지난날을 돌이켜 보면 우리 부부의 즐거움은 서로에게 짐이 되고, 고통이 되었을 뿐이었습니다. 그것은 바로 번뇌로 오르는 계단 같은 것이었습니다. 당신이나 나나 어찌하여 이 지경에 이른 걸까요? 변변찮은 뭇새가 함께 굶주리는 것보다 차라리 짝 없는 난새가 거울을 향하여 짝을 부르는 것이 낫지 않겠습니까? 순조로울 때는 가까이 하고, 괴로울 때는 버리는 것이 차마 사람으로서는 못할 짓이긴 하지만, 가고 머무는 것이 사람의 뜻대로만 되는 것이 아니요, 헤어지고 만남은 운명입니다. 이제 우리 부부는 헤어져서 서로 살 길을 찾아보는 게 좋겠습니다."

아내가 눈물을 훔치면서 천천히 말을 이어 나갔다.

조신은 아내의 말을 듣고 무척 반가웠다.

"나는 두 아이를 데리고 고향으로 갈 테니, 당신은 남쪽으로 가시오."

서로 잡았던 손을 놓고 아내와 자식들과 헤어지는 순간 조신은 잠에서 깨어났다.

타다 남은 등잔불이 까물거렸다. 밤은 깊이를 모를 어둠 속으로 침몰하고 있었다.

이튿날 아침 조신은 잠자리에 일어나 거울을 보았다. 머리털이 하얗게 세어 있었다. 정신이 멍했다. 도무지 인간 세상에서 살아갈 생각이 없어졌다. 꿈속에서였지만 고된 삶을 겪다 보니 인간의 삶이 싫어졌다. 탐욕의 마음은 얼음이 녹듯이 말끔히 가셨다.

조신은 관음보살상을 대하기가 부끄러웠다. 그는 관음보살상을 우러러보며 참회하였다.

조신은 해현으로 갔다. 꿈속에서 굶어 죽은 아이를 묻었던 데를 파보았다. 돌미륵이 나왔다. 그는 돌미륵을 깨끗이 씻어서 근방에 있는 절에 모셨다. 서울로 돌아와 농장을 관리하는 직책을 그만두었다.

그리고 조신은 재산을 모두 털어서 정토사를 세우고, 부지런히 착한 행실을 쌓았다. 그 후에 그가 어떻게 생애를 마쳤는지는 알 수 없다.

• 충주호

「조신 설화」의 조신이 세웠다는 정토사는 충주댐 건설로 수몰되었다.

몽자류 소설의 효시인 「조신 설화」

「조신 설화」는 『삼국유사』「탑상塔像」 제4 '낙산이대성관음정취조신조'에 나온다. 인간의 욕망 문제를 불교적 관점에서 다룬 설화 문학 작품인 「조신 설화」는 『구운몽』·『옥루몽』 같은 몽자류夢字類 소설의 효시가 되었다. 「조신 설화」는 환몽 소설의 원류가 된 환몽 설화 작품으로 '꿈꾸기 전의 절실한 소망 → 꿈속에서의 체험 → 깨어난 뒤의 각성' 형식의 3단계 구조를 가지고 있다. 춘원 이광수는 이 「조신 설화」를 바탕으로 하여 「꿈」이라는 단편소설을 지었다.

「조신 설화」는 「구운몽」·「옥루몽」 등 몽자류 소설의 효시이다.

「김현감호 설화」 – 김현이 호랑이를 감동시키다

신라 풍속에 해마다 2월 달이 되면 초여드렛날부터 보름날까지 수도 금성 안의 남녀들이 흥륜사로 몰려들었다. 그들은 앞다투어 전탑을 돌아 복 받는 모꼬지로 삼았다. 이 전탑을 돌면서 염불을 외면 일 년 동안 병에 걸리지 않고 갖가지 재앙을 면할 수 있고, 복을 받게 된다는 것이었다.

원성왕 때의 일이었다.

김현이란 이름을 가진 총각은 착하고 부지런했으나, 집안이 가난하여 나이가 스물이 넘었는데도 장가를 들지 못하고 있었다. 늙은 어머니가 집안 살림을 도맡아 하는 것이 안쓰러웠던 그는 밤이 이슥하도록 쉬지 않고 전탑을 돌며 장가를 들 수 있도록 해 달라고 부처님께 빌었다.

전탑을 돌며 염불을 외던 사람들은 대부분 집으로 돌아가고 처녀 하나가 전탑을 돌면서 염불을 외고 있었다. 김현은 탑돌이를 하면서 그녀의 얼굴을 훔쳐보았다. 서로 눈과 눈이 마주쳤다. 그는 황급히 눈길을 돌렸다. 그는 염불을 외었다. 그러나 어느새 그의 눈길은 그녀에게로 향하고 있었다. 부처님께 기도하는 생각은 어디론가 달아나 버리고 그녀의 얼굴만이 그의 마음을 사로잡고 있었다. 마침내 그녀도 마음이 움직여 서로 추파를 주고받았다.

김현은 탑돌이를 마치고 처녀를 으슥한 곳으로 데리고 갔다.

"너무 늦었어요. 이젠 집으로 돌아가야 해요."

• 전탑殿塔 : 벽돌로 쌓은 탑
• 모꼬지 : 놀이나 잔치 등으로 사람들이 모이는 일

처녀가 옷매무새를 바로잡으며 말했다.

"좀 더 있다 가지 그래요."

김현이 처녀의 볼을 손으로 쓰다듬으며 말했다.

"늦었어요."

처녀가 김현의 볼에서 손을 내려놓았다.

"그럼 나도 따라갈게요."

김현이 일어서며 말했다.

"따라오시면 안돼요."

처녀가 거절했다.

"왜 따라가면 안 됩니까?"

"하여간 따라오시면 안 돼요."

그러나 김현은 억지로 따라갔다.

그들은 서산에 기슭에 이르러 조그마한 오두막집 안으로 들어갔다.

할머니가 문을 열고 그들을 그윽한 눈길로 바라보았다.

"널 뒤따라온 이가 누구냐?"

할머니가 물었다.

처녀는 밖에서 있었던 일을 그대로 이야기했다.

"좋은 일이긴 하지마는 차라리 없었던 게 나을 뻔했다. 그러나 이미 엎질러진 물…. 어떻게 하겠나. 아무도 모를 곳에 숨겨 주어라. 네 형제들이 돌아오면 나쁜 짓을 할까 두렵구나."

할머니가 말했다.

처녀는 김현을 이끌고 구석진 곳에 숨겼다. 김현은 쏴아 하는 바람소리 같은 것을 들었다. 집밖에서 나는 소리였다.

으르렁거리는 소리가 점점 가까워졌다. 호랑이 세 마리가 오두막집으로 들어왔다.

"집안에 비린내가 나는데, 마침 배도 고프던 참이라 요기하기 꼭 좋구나!"

그들이 사람의 말로 지껄였다.

"오빠들이 왔어요. 절대로 들키면 안 돼요."

처녀가 재빨리 말하고는 사라졌다.

김현은 틈새로 처녀가 사라진 쪽을 바라보았다. 엄청나게 큰 호랑이 세 마리가 어슬렁거리고 있었다.

"너희들 코가 잘못된 게지. 무슨 비린내가 난다는 게냐?"

처녀가 말했다.

"무슨 그런 미친 소리를 지껄이느냐?"

할머니가 그들을 꾸짖었다.

"너희들이 많은 생명을 해치는 것을 즐겨 하니, 마땅히 한 놈을 죽여 그 악행을 징계해야 하겠다!"

그때 하늘에서 외치는 소리가 들려왔다.

세 마리의 호랑이들은 이 소리를 듣고 모두 걱정하는 기색이었다.

"세 분 오빠가 만일 멀리 피하여 스스로 뉘우친다면 제가 대신 그 벌을 받겠습니다."

처녀가 그들에게 말했다.

세 마리의 호랑이들은 모두 기뻐하며, 꼬리를 치면서 달아났다.

처녀가 김현 총각이 숨어 있는 곳으로 들어갔다.

김현은 그녀를 보는 순간, 와락 껴안고 볼을 비볐다.

"난, 당신이 호랑이가 변해 사람이 되었든 구렁이가 변해 사람이 되었든 상관하지 않아요. 중요한 것은 내가 당신을 사랑한다는 겁니다."

"처음에 저는 도련님이 저희 집에 오시는 것이 부끄러워 짐짓 사양하고 거절했으나 이제는 감출 것이 없기에 감히 저의 속마음을 털어놓겠습니다. 비록 이 몸이 도련님과 유類는 다르지만 하루 저녁의 즐거움을 함께했으니, 그 의리는 부부로서의 결합만큼이나 소중한 것입니다. 세 오빠들의 죄악은 하늘이 이미 미워하여 저희 집안의 재앙을 제가 당하려 하옵니다. 이왕 죽을 몸일 바엔 보통 사람의 손에 죽는 것보다는 도련님의 칼날에 죽어 소중한 덕을 갚는 게 좋을 것 같습니다. 제가 내일 거리에 들어가서 사람을 심하게 해치면 나라 사람들이 저를 어떻게 할 수 없어, 임금님은 반드시 높은 벼슬을 걸고 나를 잡을 사람을 찾을 것입니다. 그럴 때 도련님은 겁내지 말고 나를 좇아 성 북쪽 숲속까지 오면 제가 거기서 기다리고 있을 겁니다."

처녀의 두 눈에서 눈물이 줄줄 흘러내렸다.

"사람과 사람이 사귀는 것은 인륜의 도리지만, 다른 무리와 사귀는 것은 떳떳한 일이 아닐 겁니다. 그러나 이미 그대와 정을 나누고 잘 지냈으니 이는 진실로 하늘이 준 다행함인데 어찌 차마 제 배필의 죽음을 팔아

한 세상의 벼슬을 구할 수가 있겠습니까?"

김현이 처연한 목소리로 대꾸했다.

"도련님께서는 그런 말을 마시옵소서. 이제 제가 젊은 나이에 일찍 죽는 것은 하늘의 명령이요, 또한 제 소원입니다. 도련님의 경사요, 우리 일족의 복이며 나라 사람들의 기쁨입니다. 한 번 죽어 다섯 가지의 이로움이 오는데 어찌 그것을 어기겠습니까? 다만 저를 위해 절을 세우고 불경을 강하여 좋은 업보를 빌어 주시면 도련님의 은혜는 더할 수 없이 클 것이옵니다."

그들은 서로 울면서 작별 인사를 했다.

이튿날, 과연 사나운 호랑이 한 마리가 금성 안에 들어와 심하게 날뛰었다. 사람들은 어찌할 줄 모르고 허둥댔다. 호랑이는 많은 사람들을 해치면서 거리를 휘젓고 다녔다. 보고를 받은 원성왕은 낯빛이 어두워졌다.

"호랑이를 잡는 사람에게 2급의 벼슬을 주겠노라."

마침내 원성왕이 명령을 내렸다.

"소신이 호랑이를 잡겠나이다."

김현은 대궐로 들어가 아뢰었다.

원성왕은 김현에게 벼슬부터 주고 그를 격려하였다.

대궐을 빠져 나온 김현은 칼 한 자루를 허리에 차고 처녀가 알려 준 북쪽의 숲속으로 들어갔다. 해가 지고, 어둠이 숲속에 조용히 내려앉았다. 이윽고 둥근 보름달이 숲속에 달빛을 쏟아 내렸다. 김현은 처녀를 찾아

숲속을 찾아 헤맸다. 그는 이미 정신이 반쯤 나간 사람 같았다. 그의 옷은 나뭇가지에 걸려 찢어지고, 얼굴에도 생채기가 나 있었다. 커다란 바위 위에 달빛을 가득 받으며 처녀가 앉아 있었다. 어느새 호랑이는 처녀로 변해 있었다.

"좀 늦었군요."

처녀가 바위 위에서 사뿐히 내려오며 말했다.

"숲속에 나무가 많아 어디가 어딘지 알 수가 있어야지요."

김현이 가쁘게 숨을 몰아쉬며 말했다.

"어젯밤 도련님께 드렸던 저의 간곡한 사연을 도련님은 잊으시지 않으셨군요. 어서 저를 죽여 주세요."

처녀가 담담한 목소리로 말했다.

"차마 내 손으로 당신을 죽일 수는 없소!"

김현이 그녀를 와락 껴안으며 말했다.

"오늘 내 발톱에 할퀴어 상한 사람들은 모두 흥륜사의 간장을 바르고 그 절의 나팔소리를 들으면 나을 것입니다."

처녀가 빠른 목소리로 말을 끝내고는, 김현이 찬 칼을 뽑아 제 손으로 목을 찌르고 엎어졌다. 순식간의 일이었다. 그녀의 몸이 축 늘어졌다.

피를 흘리며 쓰러져 있는 것은 한 마리의 호랑이였다. 김현은 호랑이의 시체를 짊어졌다.

김현은 헐떡거리며 숲에서 나왔다.

"호랑이를 내가 잡았다!"

김현은 목이 터져라 소리쳤다.

사람들이 몰려왔다.

김현은 그 호랑이와 사이에 있었던 일을 아무에게도 이야기하지 않았다. 다만 처녀가 가르쳐 준 처방대로 그날 호랑이에게 물린 사람들을 모이게 했다. 흥륜사의 간장을 상처에 찍어 바르고 나팔소리를 들려주었다. 호랑이에게 물린 사람들의 상처가 씻은 듯이 나았다.

"정말 희한한 일도 다 있네. 상처가 다 나았어."

사람들은 고개를 갸웃거리며 상처가 났던 곳을 들여다보았다.

김현은 벼슬자리에 나간 뒤, 서천가에다 절을 세우고 호원사라고 이름 지었다. 그리고 항상 불교 계율戒律의 기초를 이루는 경전인 『범망경梵網經』을 강설하며 그 호랑이의 명복을 빌어, 제 몸을 희생하여 자기를 성공하게 한 은혜를 갚았다.

자기희생의 고귀한 사랑을 그린 변신형 설화 「김현감호 설화」

『삼국유사』 권5 「효선편孝善篇」 '김현감호조'에 수록되어 있는 「김현감호金現感虎 설화」는 '호원사虎願寺'라는 절의 건립 내력을 밝힌 사찰연기 설화로 호원虎願 설화'라고도 한다. 또한 호랑이가 처녀로 변하여 김현과 부부 인연을 맺은 뒤 그의 출세를 위해 죽음을 택하는 것을 내용으로 하는 변신형 설화에 해당한다.

「손순매아 설화」 – 아이를 묻으려던 손순

신라의 수도 금성 밖의 모량리에 손순孫順이 살고 있었다. 그의 아버지는 학산이라고 했다. 아버지가 돌아가시자 손순은 그의 아내와 함께 남의 집에서 품을 팔아 쌀을 얻어 늙은 어머니를 봉양했다. 그의 어머니 이름은 운오라고 했다. 그러나 남의 집에서 품을 파는 일은 날마다 있는 일이 아니었다. 비와 눈이 오는 날에는 집에서 쉬어야만 했다. 네 식구는 항상 배를 곯았다.

손순에게는 어린아이가 하나 있었다. 그런데 그 아이가 노상 늙은 어머니의 밥을 빼앗아 먹어 손순을 난처하게 했다.

그 날도 손순과 그의 아내는 날품팔이를 하러 나가야만 했다. 그들이 일을 나가면 늙은 어머니와 아이만 집에 남아 있게 되었다.

"어머니, 찬장 위에 밥을 놓아뒀으니 배고프시면 꼭 찾아 드세요."

손순이 신을 신으며 말했다.

"어머니, 아이만 먹이지 말고 어머니가 꼭 잡수세요."

아내가 말했다.

그들이 품팔이 한 대가로 약간의 보리쌀을 얻어 집으로 돌아왔다.

어머니가 힘이 하나도 없어 보였다.

"너 또 할머니 밥을 다 빼앗아 먹은 모양이구나."

아내가 아이에게 눈을 부라렸다.

"할머니가 줘서……."

아이는 으앙 하고 울음을 터뜨렸다.

"왜 애는 야단치고 그러느냐? 내가 줬다."

어머니가 힘없는 목소리로 말했다.

그 날 밤, 손순은 잠자리에 들었으나 좀처럼 잠이 오지 않았다. 잠이 오지 않기는 그의 아내도 마찬가지였다.

"자식은 또 얻을 수 있지마는 어머니는 두 번 다시 얻지 못할 것이오. 저 애가 어머니가 잡수시는 밥을 노상 빼앗아 먹으니 어머니가 오죽 배가 고프시겠소. 차라리 저 애를 묻어 버리고 어머니를 배부르게 해 드리도록 합시다."

손순이 아내에게 말했다.

"……."

아내는 기가 막힌지 아무런 대꾸도 하지 않았다.

마침내 손순과 그의 아내는 아이를 들쳐 업고 모량리 서북쪽에 자리 잡고 있는 취산 쪽을 향해 걸어갔다. 차가운 밤바람이 아이의 목덜미를 훑고 지나갔다. 아이가 잠에서 깨어났다.

"엄마, 지금 어딜 가는 거야?"

등에 업힌 아이가 고개를 들었다.

"응, 저 산……."

아내가 말끝을 흐렸다.

손순과 그의 아내는 취산의 북쪽 들판에 이르러 아이를 내려놓고 곡괭이로 땅을 파기 시작했다.

"아빠, 땅은 왜 파는 거야?"

아이가 목을 길게 빼고 물었다.

"응, 칡이 있나 해서 파는 거야."

손순이 대답을 하고는 곡괭이를 힘껏 내리찍었다.

곡괭이 날에 무엇인가가 부딪쳤다. 그는 곡괭이질을 멈추고 구덩이 안을 들여다보았다. 뜻밖에도 그 안에는 매우 이상하게 생긴 돌 같은 것이 하나 있었다. 그는 곡괭이를 내려놓고 두 손으로 흙을 헤쳤다. 종처럼 생긴 돌이 드러났다.

"정말 괴이한 일이로구나."

손순은 고개를 갸웃거리며 돌종을 높이 쳐들었다.

"돌종을 나무 위에 걸어 놓고 한 번 쳐 봅시다."

아내가 말했다.

손순은 돌종을 나뭇가지에 매달아 놓고 한 번 쳐 보았다. 맑고 은은한 소리가 들판으로 물결처럼 퍼져 나갔다.

"신기한 돌종을 얻은 것은 아마도 이 아이의 복이니 아이를 땅에 묻어서는 안 되겠어요."

아내가 아이를 번쩍 들어 껴안았다.

"나 역시 그렇게 생각하오."

손순이 돌종을 어루만지며 말했다.

손순과 아내는 이것이 다 하늘의 뜻이라고 생각하고, 돌종을 지고 집으로 돌아왔다.

손순은 돌종을 들보에 매달아 놓고 쳤다. 은은한 소리가 멀리멀리 퍼져 나갔다. 마침내 종소리는 대궐에까지 들렸다. 마침 대궐 안의 정원을 거닐던 흥덕왕이 서쪽 교외에서 들려오는 종소리를 들었다.

"서쪽 교외에서 이상한 종소리가 며칠 전부터 들려오는데, 먼 곳의 소리가 맑고 은은한 품이 비길 데가 없다. 어서 가서 사실을 조사해 보도록 하라."

흥덕왕이 명령을 내렸다.

흥덕왕의 사자가 종소리가 들려오는 곳을 향해 가다가 마침내 손순의 집에 이르렀다.

손순으로부터 자세한 이야기를 들은 그는 대궐로 돌아가 흥덕왕에게 그 사실을 아뢰었다.

"옛날에 곽거가 아이를 묻으려 하자 하늘이 금솥을 내리더니, 오늘날 손순이 아이를 묻으려 하니 땅에서 돌종이 솟아났구나. 앞서의 효자와 뒷날의 효자가 한 하늘 아래 같은 본보기가 되었구나."

흥덕왕은 말을 끝내고 좌우를 돌아보았다.

"성은이 망극하옵니다."

신하들이 머리를 조아렸다.

"손순에게 집 한 채를 주고 해마다 '메벼 50석을 주어 지극한 효도를 표창하도록 하라."

홍덕왕이 명령을 내렸다.

손순은 옛집을 절로 만들어 홍효사라고 하고, 돌종을 안치했다.

진성여왕 때 후백제의 군사들이 금성으로 쳐들어 왔을 때, 모량리 마을 전체가 불탔다. 그때 돌종은 후백제 군사들의 노략질을 피해 어디론가 자취를 감추었다. 손순의 옛 집이던 절도 불에 타지 않고 남았다.

손순이 돌종을 얻은 그곳의 땅 이름은 완호평인데 지금은 와전되어 지량평으로 부른다.

희생효행형 설화인 「손순매아 설화」

「손순매아 설화」는 『삼국유사』 권5 「효선편」 '손순매아조'에 나오는 설화로, 가난한 아들이 부모를 봉양하기 위하여 자신의 자식을 파묻으려다가 돌종을 얻어 부모에게 효도를 한 희생효행형犧牲孝行型 설화이다. 이 설화는 중국 진나라의 역사가 간보가 편찬한 설화집으로, 기이하고 신기한 인물 고사를 기록한 『수신기搜神記』에 나오는 곽거의 이야기와 비슷하다.

곽거는 중국 진晉나라 사람으로 삼형제가 일찍 아버지를 여의고 이천만 금의 돈이 있던 것을 그의 두 아우가 천만 금씩 나누어 가져가 버렸다. 곽거는 아내와 함께 품팔이를 하면서 어머니를 모셨다. 그러나 아이 때문에

• 메벼 : 낟알에 찰기가 없는 벼로, 열매에서 멥쌀을 얻는다

어머니가 자주 끼니를 거르는 것을 안타깝게 생각하여 땅에 묻으려다가 황금으로 만든 솥을 발견했다.

부모를 봉양하기 위하여 자기 자식을 직접 희생시키려는 부부의 행위는 아무래도 현실성이 부족하고, 윤리적으로도 적잖은 문제점이 있다. 하지만 부모를 위해서 가장 귀한 것, 다시 말해 자기 자식을 바치려 했다는 점이 주목된다.

「손순매아 설화」는 부모를 봉양하기 위해 아이를 묻는다는 희생효행형 설화이다.

「거타지 설화」 - 악마를 퇴치하고 용을 구하다

아찬 양패는 진성여왕의 막내아들이었다. 그녀는 그를 당나라에 사신으로 떠나도록 했다. 그는 해적들이 바다 위에서 뱃길을 가로막고 사신 일행을 잡아 죽이고 재물을 빼앗는다는 말을 들은지라 활 쏘는 군사 50명을 뽑아 데리고 갔다.

양패 일행이 탄 배가 곡도 부근의 바다를 지날 때였다. 갑자기 풍랑이 거세게 일어났다. 배는 가까스로 침몰을 면하고 곡도로 피난했다. 그들은 그곳에 열흘이나 묵게 되었다. 양패는 걱정이 되어 사람을 시켜 점을 쳐 보게 하였다.

"이 섬 안에 신령스러운 못이 하나 있는데 거기에 제사를 드리는 게 좋겠습니다."

못 둑에다가 제물을 차리고 제사를 지냈다. 그러자 못물이 한 길이 넘도록 용솟음쳤다.

그 날 밤이었다.

"활 잘 쏘는 군사 한 사람을 이 섬에 남겨 두고 가면 순풍을 만날 수 있으리라."

한 노인이 나타나 말했다.

깨어 보니 꿈이었다. 양패공은 부하들에게 꿈 이야기를 해 주었다.

"그런데 누가 이 섬에 머무르는 게 좋을까?"

양패가 군사들을 휘둘러보았다.

"50개의 나무 조각에다 우리들의 이름을 써서 물에 넣어 보고 나무 조각이 물에 잠기는 사람이 남아 있기로 하는 게 좋겠습니다."

부하들이 제의했다.

"그렇게 하는 게 좋을 것 같다."

양패는 부하들의 제의대로 했다. 군사 50명 가운데 거타지란 사람이 있었는데 그의 이름을 적은 나무 조각이 물에 잠기는 것이었다.

"그대가 이 섬에 머물도록 하라."

양패가 거타지에게 말했다.

거타지를 남기고 양패 일행은 곡도를 떠났다. 갑자기 순풍이 일어 배는 미끄러지듯 파도를 헤쳐 나갔다.

홀로 곡도에 남겨진 거타지는 우두커니 서서 맥없이 배가 사라진 쪽을 바라보고 있었다. 그때 갑자기 한 노인이 바로 제사를 드렸던 그 못에서 나왔다.

"나는 서해의 신이오. 매일 해 뜰 때마다 젊은 중 하나가 하늘로부터 내려와 다라니를 외우며 이 못을 세 바퀴나 돈다오. 그러면 우리 부부와 자식, 손자들이 모두 물 위에 둥둥 떠오르게 되고 그 젊은 중은 우리 자손들의 간과 창자를 빼먹었소. 이제 우리 자손들의 간은 다 빼 먹히고, 오직 우리 부부와 딸 하나만 남겨 두고 있소. 내일 아침에도 반드시 그가 또 올 것이오. 그대에게 부탁을 드리오니 그놈을 활로 쏘아 주오."

노인이 거타지에게 말했다.

175

"활 쏘는 거라면 본래 저의 특기가 아닙니까? 걱정 마십시오. 말씀대로 하겠습니다."

거타지는 쾌히 승락했다.

"고맙소. 꼭 부탁하오."

노인이 사례를 하고 물속으로 들어갔다.

거타지는 못 주위에 숨어 엎드려서 기다리고 있었다. 이튿날이었다. 동쪽 수평선 위로 해가 떠오르자, 과연 젊은 중 하나가 내려왔다. 그는 전과 마찬가지로 주문을 외고 늙은 용의 간을 빼내려 하였다. 그 순간 숨어 엎드려 있던 거타지가 활을 쏘았다. 화살은 명중되었다. 그가 즉시 늙은 여우로 변하여 땅에 떨어져 죽었다. 그 순간 어제 거타지에게 부탁을 한 그 노인이 연못 속에서 나왔다.

"그대 덕택으로 나의 목숨을 보전했소. 바라건대 내 딸을 그대의 아내로 삼아 주오."

노인이 기쁨이 가득 찬 얼굴로 말했다.

"주시는 것을 어찌 마다하겠습니까? 진실로 제가 소원하던 바였습니다."

거타지는 풀밭 위에 엎드려 절을 했다.

"당나라까지 여자를 데리고 갈 수는 없을 테니, 간단히 자네 품속에 숨겨 가지고 가게."

노인은 그의 딸을 한 송이 꽃으로 변하게 하여 거타지의 품속에 넣어주었다. 그리고 두 마리의 용을 시켜 거타지를 떠받들어 앞서 간 양패 일행의 배를 따라 잡도록 하여, 당나라 땅으로 무사히 들어가도록 해 주었다.

당나라 사람들은 용 두 마리가 신라의 배를 받들고 오는 것을 보고 깜짝 놀라, 그 사연을 임금에게 보고했다.

"신라의 사자는 비상한 사람일 것이다."

당나라 왕이 말했다. 그는 양패 일행에게 연회를 베풀어 주고, 뭇 신하들의 윗자리에 앉히고 금과 비단을 후하게 주었다.

거타지는 신라로 돌아와 품속에서 한 송이 꽃을 끄집어냈다. 그것은 여자로 변했다. 그는 그녀와 함께 살게 되었다.

영웅에 의한 악마퇴치 설화, 「거타지 설화」

진성여왕 때의 명궁名弓인 거타지에 대한 설화인 「거타지 설화」는 용의 구출을 모티프로 한다는 점에서 영웅에 의한 악마퇴치 설화의 하나라고 할 수 있다. 『심청전』의 바탕이 되는 이 설화는 『삼국유사』 권2 「기이편」에 수록되어 있다.

그밖에 「거타지 설화」는 고려의 건국 신화로 『고려사』에 실려 있는 「작제건作帝建 설화」와 조선 왕조의 건국에 관하여 역사적인 사실을 기록한 서사시인 「용비어천가」 등에도 전승되고 있다.

「효녀 지은 설화」 – 종이 되어 부모를 섬기다

지은知恩은 한기부의 백성 연권의 딸이었다. 그녀는 성품이 착하고 지극

177

히 효성스러웠다. 그녀는 어려서 아버지를 여의고 홀어머니를 모시기 위해 나이가 서른두 살이 되도록 시집을 가지 않고 밤이나 낮이나 어머니 곁을 떠나지 않았다. 그러나 어머니를 봉양할 것이 없었다. 그녀는 남의 집에 가서 품팔이도 하고 동냥을 하여 밥을 빌어다가 어머니를 봉양했다. 그러나 가난은 그들 모녀를 끈질기게 괴롭혔다. 쪼들리다 못해 결국 그녀는 부잣집을 찾아갔다. 그녀는 그 집 종이 되고자 청하여 쌀 10여 석을 얻었다. 그리하여 하루 종일 그 집에 가서 일을 해 주고 날이 저물면 집으로 돌아와서 밥을 지어 어머니를 봉양하였다.

3, 4일이 지나갔다.

"전에는 밥이 거칠어도 맛이 있었는데, 요즘에는 밥이 비록 좋으나 맛이 전과 같지 않으며, 마치 뱃속을 칼로 찌르는 듯하니 이것이 어찌 된 일이냐?"

어머니가 지은이에게 말했다.

"사실은 어머니, 제가 부잣집 종이 되어 하루 종일 일을 해 주고 쌀을 얻어 오는 겁니다."

지은이 사실대로 어머니에게 말했다.

"늙은 이 어미 때문에 네가 종이 되었으니 차라리 내가 빨리 죽는 게 낫겠다."

어머니가 목 놓아 울었다.

"어머니…."

지은이가 어머니를 부둥켜안으며 울음을 터뜨렸다.

마을 사람들이 울음소리를 듣고 마당을 기웃거렸다.

"너무 안됐어. 쯧쯧."

"지은이가 남의 집에서 종살이를 하여 먹고 산다잖아."

마을사람들은 모두 혀를 끌끌 찼다.

이때 효종랑이 지나가다가 사람들이 모여 웅성거리고 있는 것을 보고 걸음을 멈췄다. 그는 당시 셋째 재상인 서발한 인경의 아들로서 어릴 때 이름은 화달이었다.

"대체 무슨 일입니까?"

효종랑이 마을 사람들에게 물었다.

"먹고 살기가 어려워 저렇게 울고 있답니다."

마을 사람들로부터 자세한 이야기를 들은 효종랑은 집으로 돌아왔다.

어머니를 봉양하기 위해 스스로 부잣집의 종으로 팔려간 지은의 이야기는 예사로운 이야기가 아니라는 생각이 들었다.

"아버님, 어머님, 한기부의 백성 연권의 딸 지은이 일찍 아버지를 여의고 홀로 남은 홀어머니를 봉양하고자 나이 서른 둘이 되도록 시집을 못가고 품팔이를 했으며, 급기야는 자신의 몸을 쌀 10석에 부잣집 종으로 팔았다 합니다. 이러한 것을 보고 가만히 있는 것은 사람의 도리가 아니라고 생각합니다."

효종랑이 말했다.

"네 말을 듣고 보니 지은이라는 처녀가 너무나 갸륵하구나. 집안의 벼 1백 석과 옷가지를 실어다 주도록 하고, 또 그 처녀를 종으로 산 주인에게 몸값을 치러 양민으로 돌려 놓도록 하거라."

아버지가 말했다.

효종랑은 화랑들에게도 말하여, 화랑 수천 명이 각각 벼 1석씩 내서 기증하도록 했다.

마침내 이 소문이 왕의 귀에도 들어갔다.

"정말 가상한 일이도다. 벼 5백 석과 집 한 채를 주도록 해라. 그리고 앞으로 일체의 부역을 면제하여 주도록 하고, 곡식이 많아서 도적이 들 염려가 있으므로 병사를 보내어 번갈아 지키도록 하라."

왕이 벼슬아치들에게 명령했다.

뿐만 아니었다. 왕은 그 마을을 표창하여 효양방이라고 했다. 아울러 표문을 받들어 그의 아름다운 행실을 당나라에도 알렸다. 왕은 효종랑이 비록 나이는 어리나 어른으로 보인다고 생각하여 왕의 형인 헌강왕의 딸을 아내를 삼게 하였다.

한층 더 깊이 읽기

신라 생활상을 엿볼 수 있는 「효녀 지은 설화」

「효녀 지은 설화」를 통해 우리는 그 당시의 신라 생활상을 엿볼 수 있다. 일반 백성들의 어려운 생활 형편이 사실적으로 잘 나타나 있고, 도적을 막기 위해 군사들을 보내 지키게 했다는 대목에서 진성여왕이 다스리던 당시의 어지러운 사회 상태를 가늠해 볼 수 있다.

『심청전』의 바탕이 된 설화인「효녀 지은 설화」

「효녀 지은 설화」는『삼국사기』권48「열전」에 수록되어 있는 효행 설화의 하나이다.『심청전』에서 심청이 눈 먼 홀아버지를 위해 쌀 3백 석에 몸을 판 것과 비슷한 이야기다. 이 설화는『심청전』의 바탕이 되는 설화로「손순매아 설화」와 함께 우리나라에 전하는 통일 신라 시대의 대표적인 설화의 하나이다. 이 설화는『삼국유사』에도「빈녀양모貧女養母」라는 제목으로 실려 있는데, 내용이 약간 다르다.

 〈술술 훑어보기〉통일 신라의 설화 문학

작품 제목	작품 내용
「욱면비 설화」	계집종 욱면이 염불을 하여 극락에 가다
「조신 설화」	조신의 꿈
「김현감호 설화」	김현이 호랑이를 감동시키다
「손순매아 설화」	아이를 묻으려던 손순
「거타지 설화」	악마를 퇴치해 용을 구하다
「효녀 지은 설화」	종이 되어 부모를 섬기다

• 백령도

「거타지 설화」의 배경인 곡도로 추정된다.

통일 신라의 시 문학 한눈에 요약하기

작품	연대	지은이	형식	내용
「서동요」	진평왕 (630)	무왕	4구	서동과 선화공주 민요가 4구체 향가로 정착
「혜성가」	진평왕 (509~633)	융천사	10구	왜군을 물리치고자 지은 노래 주술적인 노래, 뛰어난 서정성
「풍요」	선덕여왕 (632~647)	양지	4구	장륙상을 만들 흙을 나르며 부른 노동요 신라인들의 서러운 염원
「원왕생가」	문무왕 (661~681)	광덕의 아내	10구	저승에 가서 극락에 태어나기를 원하여 부른 노래
「모죽지랑가」	효소왕 (692~702)	득오곡	8구	죽지랑을 그리워하는 노래 세력을 잃어가고 있는 화랑의 모습을 살펴볼 수 있음
「헌화가」	성덕왕 (702~739)	암소를 끌고 가는 노인	4구	수로부인에게 철쭉꽃을 바치며 부른 노래 신라인의 미의식을 살펴볼 수 있음
「해가」	성덕왕 (702~739)	순정공과 백성들	4구	수로부인을 내놓으라는 노래 4구체 향가인 「구지가」와 비슷
「원가」	효성왕 (737)	신충	10구	약속을 잊은 왕을 원망하는 노래 능란한 처세술이 작품 전편에 녹아 있는 향가
「도솔가」	경덕왕 (760)	월명사	4구	재앙이 물러가기를 꿈꾸며 부른 노래
「제망매가」	경덕왕 (742~765)	월명사	10구	죽은 누이동생을 위한 노래 신라인의 죽음에 대한 의식 세계를 보여 줌
「찬기파랑가」	경덕왕 (742~765)	충담사	10구	기파랑을 찬양하는 노래 10구체 향가 중 최고의 경지를 보여 줌
「안민가」	경덕왕 (742~765)	충담사	10구	유교적 이념을 노래한 유일한 향가 백성을 편하게 하고자 한 현실 효용적인 향가
「천수대비가」	경덕왕 (742~765)	희명	10구	눈 먼 딸을 위한 어머니의 기원 종교적 서정시이자 10구체 향가
「우적가」	원성왕 (785~798)	영재	10구	영재가 도적 떼를 만나 지은 향가 향가가 일반화되어 있었다는 사실을 알 수 있음
「처용가」	헌강왕 (879)	처용	8구	역신도 감동해 물러간 노래 벽사진경의 8구체 향가

• 출전 : 『삼국유사』

통일 신라의 설화 문학 한눈에 요약하기

「욱면비 설화」	극락정토 사상
「조신 설화」	몽자류 소설의 효시
「김현감호 설화」	김현이 호랑이를 감동시키다 자기희생의 고귀한 사랑을 그린 변신형 설화
「손순매아 설화」	아이를 묻으려던 손순 희생효행형 설화
「거타지 설화」	악마를 퇴치하고 용을 구하다 영웅에 의한 악마퇴치 설화
「효녀 지은 설화」	종이 되어 부모를 섬기다 『심청전』의 바탕이 된 설화

2장 통일 신라의 사상과 예술

1. 통일 신라의 불교와 풍수지리 사상

2. 통일 신라의 학문과 예술

• 부석사 무량수전
의상은 부석사를 짓고 화엄 사상을 전파했다.

통일 신라의 대표적인 승려로는 의상, 원효, 진표, 범일이 있다.

1. 통일 신라의 불교와 풍수지리 사상

불교 유식학으로 이름을 떨친 원측

삼국과 가야 시대의 불교는 초기 불교가 토착 신앙을 포섭하면서 보급되었기 때문에 샤머니즘적 성격을 가지고 있었고, 왕실과 귀족들을 중심으로 믿어지고 받들어졌기 때문에 귀족 불교적 성격을 띠고 있었다.

신라가 삼국을 통일한 후 불교에도 변화의 바람이 불었다. 초기 불교가 종파적인 사상의 이해에 그쳤던 반면에 불교 사상 전반에 대한 종합적인 이해 체계를 세우게 되었고, 귀족 불교적 성격과 더불어 대중 불교적인 성격도 띠게 되었다.

통일 신라 시대 초기에 당나라에 건너가 활약한, 유명한 승려로 원측圓測이 있다. 그는 진평왕 5년인 613년에 신라의 수도 금성에서 얼마 안 떨어진 모량리에서 태어났다. 그의 이름은 문아이고, 왕족 출신이었다고 하나 확실하지는 않다.

3세에 집을 떠나 절에 들어간 원측은 15세 때 당나라로 건너갔다. 그가 당나라로 건너가기 전에 신라 사람으로 불법(佛法)을 공부하기 위하여 맨 처음 당나라로 건너간 사람은 각덕 화상이었다.

당나라에 도착하여 원측이 처음 가르침을 받은 스승은 법상 화상과 승변 화상이었다. 그는 이 두 사람의 스승으로부터 불교 유식학(唯識學)의 가르침을 받았던 것이다.

특히 원측은 어학에 뛰어난 소질을 갖추고 있었다. 그는 한번 들은 것은 잊어버리지 않는, 비상한 기억력을 지니고 있었다. 당나라에 건너간 지 얼마 안 되어 그는 중국어를 마치 당나라 사람처럼 말할 수 있게 되었다. 그뿐만이 아니었다. 그는 불교의 원전어(原典語)인 산스크리트어(범어梵語)까지도 깊이 파고들기 시작했다. 그 당시 산스크리트어를 제대로 공부하기 위해서는 인디아에 가야만 했다. 그러나 그러할 형편이 못되었던 그는 당나라에 머물면서 산스크리트어를 혼자 힘으로 익히기 시작했다. 산스크리트어에 능통하게 된 그는 본격적으로 불교학 연구에 들어갔다.

조금 더 알아보기 유식학 등장의 배경

유식학이란 사람의 의식의 본질을 새롭게 파고들어서 복잡하고 풀기 어려운 이론을 전개하는 불교 사상이었다. '있음(有)'에 집착하는 소승불교의 잘못을 고치기 위하여 대승불교는 '비었음(空)'을 들고 나왔다. 그런데 '비었음'을 너무 강조하다 보니 또한 빗나갈 수 있기에 '있음'도 아니요 '비었음'도 아니며 그 중간은 더욱 더 아니라는 데 생각이 이르게 되었다. 이러한 배경 아래서 유식학이 나오게 되었던 것이다.

원측의 이름은 당나라에 널리 퍼졌다. 마침내 당나라 태종이 그의 명성을 들었다. 그는 원측에게 도첩을 주어 당나라에서 인정하는 정식 스님이 되게 하였다. 그리하여 그는 원측을 당나라 수도 장안의 원법사에 머물게 하였다.

그는 소승불교에서 중요시 하는 책인 『비담』, 『성실』, 『구사』, 『바사』 등을 비롯한 옛날과 지금 널리 알려진 불교학 책들을 구할 수 있는 대로 구해 읽어 나갔다. 그는 불교 경전에 대해서 모르는 바가 없게 되었다. 그의 이름이 온 당나라로 퍼져 나갔다.

당나라에서까지 활약한 원측

이 무렵 인디아에서 여러 해 동안 불교 유식학을 공부한 현장玄奘이 17년 만에 당나라 장안으로 돌아왔다. 그때 그는 산스크리트어 원전으로 쓰인 불교 경전을 657부나 갖고 왔다.

현장은 그의 제자 규기에게 유식학을 가르쳐 주었다. '유식학'은 현장이 번역한 법상종의 중요 성전이었다. 중국의 법상종은 규기가 하나의 종파로 확립하였다.

유식학은 한문으로 된 불교 경전은 물론, 산스크리트어나 티베트어西藏語로 된 불교 경전까지 공부해야만 연구를 할 수 있었다. 어학에 소질이 있는 원측은 누구보다도 유식학을 공부하기에 적합한 사람이었다.

규기 일파가 현장으로부터 유식학에 대한 가르침을 받을 때, 이미 유식학에 대하여 깊은 공부를 해 왔던 원측은 원법사에서 유식학을 제자들에게 가르치고 있었다. 이 소식을 들은 규기는 원측이 이미 유식학에 깊은 연구를 하고 있었다는 것을 뒤늦게 알게 되었다.

원측은 유식학의 참다운 뜻이 무엇인가를 제자들에게 자세하게 가르쳤다. 그는 더 나아가서 불교의 참다운 뜻이 무엇인가를 밝히고, 체계적으로 이해시키는 것을 가르침의 근본으로 삼았다.

원측이 불교 경전 연구에 있어서 자신들보다 앞서 있다는 사실이 밝혀지자, 규기 일파인 자은파慈恩派는 그를 헐뜯고 다니기 시작했다.

"원측은 문지기에 뇌물을 주어 현장 법사님의 유식학 강의 내용을 몰래

조금 더 알아보기　현장은 누구인가?

현장은 중국 하남성 낙양에서 진혜의 아들로 태어났으며, 이름은 위라고 하였다. 10세에 낙양 정토사에 들어갔으며, 13세에 정식 스님이 되었다. 장안長安, 성도成都와 그 밖의 당나라 중북부의 여러 도시를 떠돌아다니며 불교 연구에 온힘을 쏟았던 그는 불교 경전에 많은 의문을 갖게 되었다. 산스크리트어로 쓰인 불교 경전만이 이 의문을 풀 수 있다고 생각한 그는 627년일설에는 629년 당나라를 떠나 인디아에 도착하여 나란다 사원에 들어가 시라바드라 밑에서 불교학 연구를 하였다. 카나우지에 수도를 정하고 있던 하르샤 대왕 등으로부터 우대를 받은 그는 641년 많은 불교 경전과 불상을 가지고 귀국 길에 올랐다.

듣고 사람들에게 마치 자기가 연구한 학설인 것처럼 떠들어 대고 있다."

"원측은 당나라 사람이 아닌 신라에서 온, 근본이 의심스러운 놈이다."

규기 일파가 원측을 중상모략하고 다니면 다닐수록 그의 이름은 당나라에 널리 퍼져 나갔다. 그가 재주가 뛰어나고 아는 것이 많다는 것이, 마침내 당나라 태종에게도 전해졌다. 당나라 태종은 그에게 서명사에 거처하도록 하고 ·대덕으로 승진시켰다.

서명사에서 원측은 『유식론소唯識論疏』 10권, 『해심밀경소解深密經疏』 10권, 『인왕경소仁王經疏』 3권, 『반야심경찬般若心經贊』 1권, 『무량의경소無量義經疏』 등의 불교학 연구서를 지어 당나라 불교학계에 그의 이름을 떨쳤다.

수많은 불교 경서를 한문으로 번역한 원측

676년 인디아의 승려 지바하라地婆訶羅가 인디아의 여러 불경을 가지고 장안에 들어왔다. 그는 당나라 고종 앞에 불경들을 내려놓았다.

"이 불경들은 아주 중요한 것이니 한문으로 옮겨 부처님의 가르침을 여러 중생들에게 전하도록 하여 주십시오."

지바하라가 고종에게 간청하였다.

"대사의 말씀대로 한문으로 옮겨 부처님의 가르침을 읽을 수 있도록 하겠소."

• 대덕 : 덕이 높은 중

고종이 말했다.

원측은 박진 · 영변 · 가상 등과 함께 지바하라가 가져온 『대승밀엄경大乘密嚴經』, 『대승현식경大乘顯識經』 같은 불경들을 한문으로 옮기는 일에 온 힘을 쏟았다. 불교와 산스크리트어에 대한 지식에 있어서 당나라에서 원측을 능가하는 사람은 이제 아무도 없었다.

한편 신라의 신문왕은 당나라 고종에게 여러 번 원측이 신라로 돌아오게 해달라고 간청하였다. 그러나 이미 그를 당나라에서는 ˙법보처럼 여기고 있었다. 당나라에서 그를 쉽게 신라로 내보낼 리 없었다.

원측은 종남산 운제사에 암자를 짓고 8년 동안 바깥출입을 하지 않고 숨어 살았다. 그러다가 그는 세상을 떠나기 얼마 전에 다시 산스크리트어로 된 불교 경전을 한문으로 옮기는 일을 하였다. 693년 인디아의 승려 보리류지菩提流支가 산스크리트어로 된 불교 경전인 『보우경寶雨經』을 한문으로 옮길 때, 그는 낙양洛陽으로 불려 가서 그 일을 도왔다. 그리고 695년 실차난타實叉難陀가 ˙우전국으로부터 와서 『화엄경』을 한문으로 옮길 때도 역시 그 일에 참여하였으나 완성하지 못하고 불수기사佛授記寺에서 세상을 떠났다. 696년 7월 22일의 일이었다. 제자들이 ˙다비를 마치고 사리 49과를 얻어 용문산 향산사에 안치하였다. 그 뒤 제자 자선과 승장 등이 사리를

• 법보 : '불경'을 보배와 같이 귀중하다는 뜻으로 이르는 말
• 우전국優塡國 : 지금의 중국 신강 위글 자치구의
　　　　　　　　타클라마칸 사막 남서쪽 화전 지역에 있던 나라
• 다비茶毘 : 불에 태운다는 뜻으로, 시체를 화장하는 일

나누어 종남산 풍덕사에 사리탑을 세웠다.

한국 화엄종의 주춧돌을 놓은 의상

의상의 아버지는 김한신 장군이었다. 의상은 19세 때 금성의 황복사에 가서 승려가 되었다. 얼마 뒤 당나라로 가기 위하여 원효와 함께 요동으로 갔으나, 고구려의 국경 경비병들에게 붙잡혀 간첩으로 오인 받고 수십 일 동안 갇혀 있다가 신라로 돌아왔다. 그로부터 10년 뒤인 문무왕 원년인 661년 의상은 그의 나이 37세 때 신라에 왔다가 당나라로 돌아가는 당나라 사신의 배를 타고 중국으로 들어갔다.

당나라의 등주 바닷가에 도착한 의상은 어느 집에 머무르게 되었다. 그 집주인은 불교를 믿는 선비로 의상의 생김생김이 뛰어남을 보고 그 집에 머무르게 했다.

그 집주인에게는 선묘라는 예쁜 딸이 하나 있었다. 그녀는 의상을 한번 보고는 첫눈에 반해 그를 사모하게 되었다. 의상이 그 집에서 머무르고 있는 동안 그녀는 어떻게 하면 그의 마음을 사로잡을 수 있을까 궁리하면서 가까이 하려고 하였다. 그러나 의상은 좀처럼 틈을 주지 않고 몸가짐을 더욱 단정히 했다. 선묘는 애가 끓어올랐다. 잠자리에 들어도 잠이 도무지 오지 않았다. 이리저리 뒹굴면서 밤을 하얗게 밝혔다.

'아아, 나의 끓어오르는 이 마음을 어찌 모를까!'

마침내 선묘는 애끓는 마음을 의상에게 고백하기로 마음먹었다.

"저는…. 처음 보는 순간 제 눈을 의심했습니다. 제가 마음속에 그려 오던 남자가 바로 제 눈앞에 서 있는 게 아니겠습니까?"

선묘가 잠시 말을 멈추었다.

"나무 관세음보살."

"사랑합니다. 제발 저의 사랑을 받아 주세요."

선묘가 울음을 터뜨리며 의상의 품속으로 달려들었다.

"나무 관세음보살."

의상은 눈을 꾹 감고 끊임없이 염주를 돌렸다.

선묘는 의상 앞에 쓰러진 채 흐느꼈다.

의상은 조금도 흔들리지 않고 따뜻한 말로 선묘를 일깨워 주었다.

"영원히 스님의 제자가 되어 스님께서 뜻을 펴시는 데 도움이 되어 드리겠습니다."

그 뒤로 선묘는 의상이 공부를 다 마칠 때까지 멀리서 돌보아 주었다.

선묘의 집을 떠난 의상은 양주에서 태수 유지인의 따뜻한 대접을 받았다. 얼마 뒤 그는 그곳을 떠나 종남산 지장사로 갔다. 그곳에서 만난 지엄 화상은 당시 당나라에서 이름이 높은 승려요, 학자였다. 지엄 화상은 의상이 오기 전 날 밤, 꿈을 꾸었다.

큰 나무 한 그루가 신라에서 자라나서 그 가지와 잎이 매우 번성하더니 중국까지 와서 덮었다. 그 가지를 타고 올라가 보니 거기에 하나의 보배 구슬이 동서남북으로 밝은 빛을 뿜고 있었다.

지엄 화상이 꿈에서 깨어났을 때 종소리가 들려왔다. 그는 예사롭지 않은 꿈이라고 생각했다.

지엄 화상은 제자들을 불렀다.

"절 안팎을 깨끗이 청소하고, 손님 맞을 채비를 하여라."

태양이 서쪽으로 막 기울기 시작할 무렵, 젊은 승려가 찾아왔다.

"저는 신라에서 가르침을 받고자 찾아온 의상입니다."

"고맙소. 이 보잘것없는 사람을 신라에서 찾아오다니……."

지엄 화상은 의상을 반가이 맞이하였다. 그는 의상이 보통 인물이 아니라는 것을 한눈에 알아보았다. 그가 큰 인물이 될 것이라고 짐작하였다.

"내 비록 학문은 깊지 않지만, 그대가 멀리 신라에서 찾아와 가르침을 청하니 내 어찌 이를 거절할 수 있겠는가?"

지엄 화상은 불법佛法을 배우는 것을 허락하였다. 그는 당나라의 화엄학華嚴學의 기초를 닦은 인물이었다.

그때부터 의상은 지엄으로부터 8년 동안 『화엄경』을 종합적으로 배웠다. 그의 나이 38세로부터 44세에 이르는 아주 중요한 시기였다. 지엄 화상은 의상에게 열심히 『화엄경』을 가르쳤다. 의상이 터득한 화엄 사상은 넓고도 깊은 것이었다.

화엄 사상은 불교 경전인 『화엄경』에 그 바탕을 둔 사상이다. 우주의 모든 사물은 그 어느 하나라도 홀로 있거나 홀로 일어나는 일이 없다. 『화엄경』에서는 모두가 끝없는 시간과 공간 속에서 서로의 원인이 되며, 대립을 초월하여 하나로 융합하고 있다고 가르친다.

의상은 지엄 화상의 여러 제자들 가운데 현수와 가장 친하였다. 현수는 뒷날 지엄 화상이 세상을 떠나자 당나라의 화엄종을 더욱 크게 일으켰다.

화엄종은 대승불교의 중요한 근본 원리 중 하나이다. 중국이 남북조 시대에 남조와 북조로 갈라져 있을 때, 남조에서는 개인의 해탈을 강조하는 소승불교가 번성했고, 북조에서는 이번 생生에서 해탈을 못 이루더라도 좀 더 많은 사람을 구하겠다는 사회 실천 의지가 강하게 깔려 있는 대승불교가 성행했다. 대승大乘이니 소승小乘이니 할 때 '승'이란 글자는 수레를 뜻하는 것이다. 대승은 여러 사람이 함께 탈 수 있는 큰 수레이고, 소승은 혼자밖에 탈 수 없는 작은 수레를 의미한다.

부석사를 짓고 화엄 사상을 전파한 의상

지엄 화상이 세상을 떠난 뒤에도 의상은 지장사에 머무르면서, 제자들을 가르쳤다. 그러던 그의 일생에 또 한 번의 큰 변화가 생겼다. 그가 머무르고 있던 지장사에 낯선 노인이 그를 찾아왔다. 당나라에 의해 감옥에 갇혀 있던 김흠순이 가만히 보낸 사람이었다.

그 무렵 신라는 고구려까지 멸망시켜 삼국 통일을 완성시켰다. 그러나 처음부터 한반도를 통째로 삼킬 욕심을 품고 있던 당나라가 백제와 고구

• 남북조 시대 : 420년~589년. 한족이 세운 남조와 유목 민족이 세운 북조가 대립하다, 수나라가 통일할 때까지의 시기를 말함
• 남조南朝 : 송, 제, 양, 진의 4개 왕조가 잇달아 건국되던 시기
• 북조北朝 : 북위, 동위, 서위, 북제, 북주 등의 나라

려는 물론 신라까지 차지할 야욕을 드러냈다. 신라는 온 국민이 힘을 합쳐 당나라 군사를 무찔러 한반도에서 쫓아냈다.

당나라 군사들이 아무런 소득도 없이 돌아오자, 당나라 임금은 몹시 화가 났다. 신라 사신으로 당나라에 와 있던 김흠순과 김인문을 감옥에 가두고 신라를 공격할 준비를 하고 있었다. 이 사실을 까마득히 모른 채 신라는 두 사신이 돌아오기만을 기다리고 있었다. 그러나 이러한 위급함을 신라에 알려줄 사람이 없었다.

이 이야기를 전해 들은 의상은 가만히 앉아 있을 수 없었다. 그는 여행 준비를 하고 신라를 향해 길을 떠났다. 그는 선묘가 사는 마을로 들어섰다. 선묘가 사는 집이 보였다. 10년이 지나가고 있지만 선묘의 집은 거의 변한 것이 없었다. 그는 인사를 하기 위해 선묘의 집으로 들어섰다. 그는 방에 들어가지 않고 마당가에 서서 선묘의 아버지에게 그동안 신세진 일에 대해 감사의 마음을 전했다.

배가 금방 떠나기 때문에 의상은 뱃길을 재촉했다. 의상이 고국 신라에 돌아가 입을 옷가지와 그릇과 도구 따위를 마련하여 상자에 담아 두고 기다리고 있던 선묘는 의상이 방에 들어오지 않고 그대로 떠났다는 이야기를 듣고 부랴부랴 상자를 들고 그를 뒤쫓았다.
"스님, 스님!"
선묘가 의상을 애타게 부르며 선창가에 다다랐을 때, 의상이 탄 배는 이미 바다 위로 미끄러져 가고 있었다.

"아, 아, 스님!"

선묘는 땅바닥에 털썩 주저앉아 왈칵 울음을 터뜨렸다. 배가 물결을 헤치며 바다 한가운데로 향해 가는 것을 본 그녀는 울음을 그치고 상자를 집어 들었다.

"부처님이시여! 저의 마음을 아시리라 믿습니다. 이 상자가 스님의 손에 전해지도록 도와주소서! 도와주소서!"

기도를 마친 선묘가 상자를 바다 위로 힘껏 던졌다. 그때였다. 갑자기 바다 위에서 회오리바람이 휘몰아쳐왔다. 회오리바람은 상자를 휘감아 뱃전까지 옮겨갔다. 상자가 의상의 손에 전해진 것을 본 그녀의 두 눈에 굵은 눈물방울이 뚝뚝 떨어졌다.

"부처님께 간절히 비나이다. 이 몸이 용이 되어 스님이 타고 가는 배를 보호하여 신라까지 잘 모시고 가서 스님이 신라 땅에 불교의 이치를 펴는 것을 도와드릴 수 있도록 도와주소서! 도와주소서!"

선묘는 땅바닥에 무릎을 꿇고, 부처님께 빌고는 벌떡 일어나 바다 속으로 몸을 던졌다. 물결이 확 일어나면서 무지갯빛 같은 안개가 자욱이 바다 위에 깔렸다. 이윽고 커다란 용이 한 마리 안개를 헤치고 솟아나와 의상이 탄 배를 뒤쫓아 갔다.

무사히 신라에 도착한 의상은 문무왕에게 나라가 위급하니 대책을 세워야 한다고 아뢰었다. 그리고 그는 온 나라를 돌아다니며 백성들에게 부처님의 가르침을 일깨워 주었다. 마침내 발걸음이 강원도 양양 바닷가에 이르렀다.

"과연 성스러운 곳이로다!"

붉은 해가 수평선 위로 떠오르던 것을 바라보며 의상이 혼잣소리로 중얼거렸다. 그는 그곳에 낙산사를 세웠다.

문무왕 16년인 676년, 의상의 발걸음은 태백산 줄기가 줄기차게 남쪽으로 내리달리다가 똬리를 틀고 있는 영주 봉황산에 이르렀다. 그는 그곳에 절을 세우려고 마음먹었다. 그런데 그곳에는 도둑의 무리 5백 명이 살고 있었다. 그가 절을 짓는 공사를 시작하자, 도둑의 무리들이 몰려와 방해했다. 그때 용으로 변한 선묘가 공중에 나타났다. 용은 커다란 바위로 변하여 공중에 떠서 도둑의 무리를 위협하였다. 도둑의 무리들은 기겁을 하고 물러갔다. 커다란 바위가 공중에 떠서 도둑을 몰아낸 이야기가 삽시간에 퍼져 많은 사람들이 모여들었다.

의상은 용이 바위로 변하여서 절을 지을 수 있도록 하였다고 해서 절 이름을 부석사浮石寺라고 지었다. 그는 이곳에서 구름같이 몰려오는 사람들에게 화엄 사상華嚴思想을 가르쳤다.

화엄 사상은 의상 이전에도 신라에 퍼져 있었지만, 크게 퍼지기 시작한 것은 그로부터 비롯된 것이었다. 그는 화엄 사상을 널리 펴기 위하여 팔공산 마리사, 지리산 화엄사, 가야산 해인사, 계룡산 갑사 같은 절을 지었다. 하나 속에 우주의 만물을 아우르려는 화엄 사상은 전제 정치를 뒷받침하는 것으로 이해되기도 한다.

의상이 부석사를 중심으로 하여 한창 화엄종을 펴고 있을 때, 당나라에서 편지와 책이 왔다. 현수賢首가 부친 것들이었다.

"헤어진 지도 벌써 20년의 세월이 흘러 갔습니다. 보고 싶은 마음이 간절합니다. 구름만 자욱한 만 리 길, 바다와 육지가 가로 놓여 있어 이 한 몸이 다시는 만나 볼 수 없음이 한스럽습니다. 그리운 마음을 무엇이라고 다 말하리까.

이제 나이는 더해 가고 기회는 오지 않을 것이니 무엇을 더 바라겠습니까. 듣자옵건대 스님께서는 고향으로 돌아가신 후 『화엄경』을 강연하여 불교계에 이름을 드날리셨다 하니 매우 기쁩니다. 그러나 소승은 전진하여 성공한 것이 없고 활동에서 볼만한 것이 없어, 『화엄경』을 우러러 생각할 때에 돌아가신 스승님을 저버리는 것이 되어 부끄럽습니다. 이번에 소승이 옛 스승님의 가르침을 정리하여 한 권의 책으로 엮었습니다. 이를 읽어 보시고 잘못을 가려 주시면 고맙겠습니다.

스님은 옛일을 잊지 마시고, 여러 가지 뜻에 있어서 바른 길을 보이시어 당나라에 오는 사람이 있으면 편지나 소식을 전해 주시면 감사하겠습니다. 이만 줄이나이다."

"현수도 이젠 많이 늙었겠지. 우리가 이젠 살아생전에 만나 보기는 어렵겠구나."

의상은 당나라 쪽 하늘을 바라보며 중얼거렸다.

한국에 처음으로 대승불교의 근본 원리인 화엄종을 전파한 의상은 702년인 성덕왕 원년, 78세로 세상을 떠났다. 그가 지은 책 가운데 화엄 사상을 210자로 집대성한 것으로 법성계라 하여 널리 애송되는 『화엄일승법계도華嚴一乘法界圖』 등이 전해지고 있어 그의 사상을 연구하는 데 큰 도움이 되고 있다.

법성종을 처음 연 원효

진덕여왕 4년인 650년, 원효와 의상은 좀 더 깊은 깨달음을 얻기 위하여 당나라를 향하여 길을 떠났다. 처음에는 육지 길을 택하여 고구려를 거쳐 가려고 했지만 요동에서 고구려 군사들에게 붙들려 감옥에 갇혀 있다가 겨우 풀려났다.

그로부터 10년의 세월이 흘렀다. 백제가 멸망하자, 당나라와 뱃길이 열렸다. 원효와 의상은 오래도록 이루지 못했던 뜻을 펼 기회가 왔다.

"이번에는 뱃길로 갑시다. 마침 당나라에 가는 배편이 있다고 합니다."

의상이 원효에게 말했다. 이때 원효의 나이가 마흔다섯 살이었고, 의상의 나이는 서른일곱 살이었다. 그들은 서쪽으로 끊임없이 걸어갔다. 서해안의 •당항성이라는 항구를 향해 가는 것이었다.

• 당항성 : 지금의 경기도 화성시 남양읍

그들이 당항성에 거의 다 닿았을 때, 날이 저물었다. 그들은 캄캄한 산 길을 걸으며 하룻밤 묵을 곳을 찾았다. 후드득후드득 빗방울이 듣기 시작 했다.

"날이 어두워지는데 비마저 오니, 이거 야단났네!"

의상이 사방을 두리번거리며 말했다.

"어디 큰 바위 밑에라도 들어가 비를 피해야 하는데."

원효가 두 뺨으로 흘러내리는 빗방울을 손등으로 훔쳤다.

그들은 주위를 두리번거리며 계속 걸었다. 소나무가 몇 그루 서 있는 곳 에 커다란 바위 같은 것이 어둠 속에 흐릿하게 보였다.

"저기 바위인지 움막인지는 모르겠지만 뭔가 있는 거 같아요!"

의상이 손을 들어 소나무 숲의 밑을 가리켰다.

그들은 걸음을 빨리 해 그곳으로 다가갔다. 부서진 문짝이 비스듬히 걸 려 있는 움집이 하나 소나무 밑에 자리 잡고 있었다.

"다 무너진 움집이지만 오늘 하룻밤은 묵어 갈 수 있겠군요."

의상이 움막 안을 들여다보았다.

"나무관세음보살. 부처님께서 우릴 보호해 주시고 계신 것입니다."

그들은 기어들다시피 움막 안으로 들어갔다. 움막 안에 가득 차 있던, 퀴퀴한 곰팡이 냄새와 흙냄새가 한꺼번에 몰려왔다. 그들은 바랑을 베고 나란히 누웠다. 먼 길을 걸어왔기 때문에 곧 잠이 들었다.

얼마를 잤을까. 목이 칼칼해서 잠이 깬 원효가 머리맡을 더듬거렸다. 그릇이 손에 잡혔다. 바가지처럼 생긴 그릇 속에는 물이 가득 담겨 있었다. 그는 그릇의 물을 벌컥벌컥 들이켰다.

"어, 시원하구나."

원효는 다시 깊은 잠속으로 떨어졌다.

햇빛이 움막 속으로 비쳐 들었다. 의상은 가느스름하게 눈을 떴다.

"아니, 무덤 속이잖아!"

의상은 깜짝 놀라 원효를 흔들어 깨웠다.

"원효 스님, 이것 보세요!"

원효는 의상의 날카로운 목소리에 놀라 벌떡 일어났다. 원효는 깜짝 놀랐다. 그의 머리맡에는 해골바가지가 하나 놓여 있었고, 썩은 관 조각이 여기 저기 흩어져 있었다. 해골바가지 안에는 아직 물이 조금 남아 있었다.

"그럼 지난밤에 내가 마신 물이 해골 썩은 물이란 말인가?"

원효는 손으로 목을 잡고 움막 밖으로 뛰쳐나가 구역질을 했다.

"원효 스님, 괜찮습니까?"

구역질을 해대는 원효 곁으로 의상이 다가왔다.

원효는 고개를 수그리고 구역질을 하다 말고 땅 위로 찬란하게 내리쏟아지는 햇빛을 물끄러미 바라보았다.

'지난 밤 마신 물이 그토록 시원하고 달지 않았던가! 이제 그것이 해골바가지 썩은 물이라 생각하니 구역질이 나는구나.'

205

당나라로 가던 원효는 깨달음을 얻고 신라에 머물렀다.

원효는 의상이 바투 다가왔는데도 꼼짝도 않고 햇빛만 바라보았다.

"그렇다, 어제와 오늘 달라진 것은 내 마음일 뿐이다."

원효는 무릎을 탁 치며 고개를 들었다.

"달라진 것이 내 마음일 뿐이라니요?"

의상이 물었다.

"내가 당나라에 가려고 한 것은 진리를 깨치기 위해서인데, 지난 밤 해 골바가지 물을 마시고 나서 생각해 보니 진리는 가까운 데 있다는 것을 깨닫게 되었습니다. 나는 이제 당나라에 갈 필요가 없게 되었습니다. 당나라에는 의상 혼자 다녀오시기 바랍니다."

원효가 담담한 목소리로 말했다.

"고생해서 여기까지 왔는데, 이왕 내친걸음에 함께 당나라에 가시지요?"

의상이 깜짝 놀란 표정을 지으며 말했다.

의상과 헤어져 금성으로 돌아온 원효는 자기 스스로의 길을 걷기 시작했다. 그가 52세 되던 해인 문무왕 8년인 668년에 고구려가 멸망했다.

그리고 마침내 676년, 신라는 당나라 군사들을 몰아내고 삼국 통일을 달성했다. 그러나 힘에 의해서 고구려, 백제, 신라를 한 나라로 아우른 것이었지, 삼국 사람들의 마음은 하나로 아우르지 못하고 있었다.

『법화경』을 통해 삼국 통일의 정신적 기반을 제공한 원효

원효가 『법화경종요』라는 책을 지은 것은 숨은 뜻이 있었다. 그는 삼국 통일을 하는 데는 정신적인 바탕이 있어야 한다고 생각했다. '종요宗要'란 경전의 내용을 간추려서 알기 쉽게 설명한 글을 말한다.

『법화경』에 다음과 같은 이야기가 쓰여 있다.

어느 날 큰 부자가 밖에 나갔다가 집에 막 돌아왔을 때였다. 집 모퉁이에 불이 붙어 활활 타오르고 있었다. 불길은 시뻘건 혓바닥을 날름거리며 지붕을 핥기 시작했다.

그런데 집안에는 세 명의 자식들이 놀이에 정신이 팔려 있었다. 문이 좁아서 뛰어 들어가 세 아이를 함께 데리고 나올 수도 없었다.

"얘들아, 불이 났다! 어서 뛰쳐나오너라."

큰 부자는 다급한 목소리로 외쳤다.

그러나 놀이에 빠져 있는 아이들은 도무지 밖으로 나올 생각조차 하지 않았다. 큰 부자는 꾀를 하나 생각해냈다.

"얘들아, 바깥에 좋은 장난감이 있다. 양이 끄는 수레도 있고, 사슴이 끄는 수레도 있고, 송아지가 끄는 수레도 있다. 빨리 나와라!"

큰 부자는 큰소리로 외쳤다.

그러자 아이들이 후다닥 달려 나왔다.

큰 부자는 시뻘건 불길로부터 세 아이들을 무사히 구해낼 수 있었다.

"아빠, 수레가 어디 있어요?"

아이들이 수레를 찾았다.

큰 부자는 아이들에게 실망을 주지 않으려고 가게로 데리고 가 많은 돈을 주고 하얀 소가 이끄는, 큰 수레를 사 주었다.

화택火宅, 즉 '불타는 집'은 죽은 번뇌에 가득 찬 이 세상을 말한 것이고,

세 어린아이는 세상의 뭇 사람들을 말한 것이다. 그리고 큰 부자는 부처님을 가리킨다.

원효는 『법화경』을 통해 통일 신라 사람들에게 삼국 통일의 정신적인 바탕을 제시했던 것이다.

어느 날 원효는 길을 가다가 광대들이 큰 뒤웅박을 손에 들고 장단을 맞추어 어깨를 우쭐우쭐 하며 춤을 추는 것을 보았다. 그는 광대들이 두드리는 큰 뒤웅박을 하나 얻었다.

원효는 뒤웅박을 두드리며 노래를 불렀다.

한층 더 깊이 읽기 　원효 불교 철학, 화쟁 사상과 화엄 사상

한국 불교의 특징은 '합침의 불교'라고 할 수 있다. 막힘없이 모든 것에 통하고, 모나지 않아서 두루 어울리는 것을 특징으로 하는 한국 불교의 전통은 원효에서 시작된 것이었다. 원효 불교 철학의 중심 사상은 화쟁和諍이었다. '화쟁'이란 말다툼, 즉 논쟁을 조화시킨다는 뜻이었다.

그리고 그 화쟁 사상이 기본적으로 잘 나타나 있는 것이 『대승기신론』의 일심이문一心二門이다. '일심이문一心二門'이란 "하나의 마음에 두 개의 문이 있다."는 뜻이다. 원효는 『대승기신론소』에서 두 가지 문二門 안에 만 가지 의미를 받아들이지만 어렵지 않고, 끝없는 의미가 하나의 마음일심一心에 녹아들게 된다고 말하면서 일심이문으로 모든 불교 사상을 포함할 수 있다고 주장했다. 원효가 논쟁을 조화시킬 수 있었던 밑바탕에는 화엄 사상이 깔려 있었다. 화엄 사상의 중심은 하나가 전부요, 전부가 하나라는 것이었다.

"모든 일에 거리낄 것이 없는 사람이라야,

태어나고 죽는 것에 헤매는 고통에서 벗어나리라."

원효는 노래를 부르며 이 마을 저 마을로 돌아다녔다. 사람들은 이 노래를 「무애가」라고 했다.

불교의 이치는 대체로 두 가지로 갈리어 왔다. 모든 것을 시간적으로 인식하려는 연기론緣起論과 모든 것을 공간적으로 인식하려는 실상론實相論이 바로 그것들이다. 이러한 불교 사상이 신라에도 들어왔다.

"연기론이든, 실상론이든 그 모두가 결국은 부처님의 말씀을 이해하려는 것 외에 다른 무엇이 있겠는가?"

원효가 말했다.

원효와 요석공주

태양이 하늘 한가운데에 머뭇거리고 있을 무렵이었다. 원효가 대궐 앞을 지나가며 노래를 불렀다.

"누가 자루 없는 도끼를 빌려 주지 않겠는가.

내가 하늘을 받칠 기둥을 깎고자 하노라."

원효는 계속 노래를 부르며 분황사로 돌아갔다. 분황사는 법성종法性宗의 중심이 되는 절이었다. 원효가 부르는 노래의 뜻을 금성 사람들은 알지 못했다. 무열왕이 이를 전해 듣고, 입가에 웃음을 흘렸다.

"원효 대사가 귀부인을 얻어 훌륭한 아들을 낳고자 하는구나. 나라에 어진 이가 있으면 크게 이익이 되도다."

태종무열왕은 홀로 된 요석공주를 마음에 두었다.

"대왕께서는 무슨 까닭으로 그렇게 말씀을 하시는 겁니까?"

왕후가 의아하다는 표정을 지으며 물었다.

"자루 없는 도끼란 주인 없는 여자를 이름이요, 하늘을 받칠 기둥이란 장래에 훌륭한 인물이 될 수 있는 아들을 뜻하는 말이오."

태종무열왕이 정색을 하고 그 뜻을 설명했다.

"듣고 보니 그렇군요."

왕후가 고개를 끄덕였다.

태종무열왕은 벼슬아치들을 시켜 원효를 찾게 했다. 벼슬아치들은 때마침 문천교를 건너가고 있는 그를 발견하고 쫓아갔다.

"원효 대사님, 상감마마께서 찾으십니다."

원효는 태종무열왕이 그를 찾는 연유를 알아차리고 일부러 다리 아래 냇물로 풍덩 뛰어들었다.

벼슬아치들은 물에 빠져 옷이 흠뻑 젖은 원효를 일으켜 세웠다.

"어디 다치시지는 않으셨습니까?"

"괜찮소. 옷이 좀 젖었을 뿐이오."

벼슬아치들이 원효를 부축하여 다리 위로 올라갔다.

"대사님, 여기서 요석궁이 가깝습니다. 요석궁으로 가셔서 옷을 말려 입으시지요."

원효는 벼슬아치들이 이끄는 대로 요석궁으로 갔다. 그곳에 도착하자 마자 그는 옷을 말리기 위하여 모두 벗어 버렸다.

어느새 벼슬아치들은 모두 사라지고, 요석궁에는 원효와 요석공주만 남았다.

"대사님, 옷을 갈아입으세요."

요석공주가 비단옷을 가지고 왔다.

요석공주가 차려 온 저녁식사를 마친 원효는 자리에 벌렁 누웠다.

"대사님, 술상 가져 왔습니다."

요석공주가 술상을 차려 왔다. 원효는 그녀가 따라 주는 술을 마셨다.

그날 밤 원효와 요석공주는 잠자리를 함께 했다.

날이 밝자, 원효는 그의 옆에서 잠들어 있는 사람이 요석공주임을 알아 채고 지난밤에 그가 한 일에 대해 심한 가책을 느꼈다. 이제 그는 계율을 깨뜨린 승려가 되고 만 것이었다.

설법과 불교 경전을 쓰는 데에 온 힘을 기울인 원효

원효는 살아가면서 어떤 것에도 집착을 보이지 않았다. 승려의 몸으로 파계를 하여 설총을 낳았다. 그는 술자리도 마다하지 않고 거지들과도 어 울렸다. 이 같은 그의 삶을 무애행無碍行, 다시 말해 '거리낌 없는 행동'이라고 한다. 금성 사람들은 그를 이해하지 못했다. 그는 ˙고승들을 모셔 놓고 설법을 듣는 자리에 한 번도 초대받을 수 없었다.

그런데 이때 황룡사에서 매우 난처한 일이 생겼다. 태종무열왕이 당나라에서 구해 온 『금강삼매경』의 뜻을 풀이하는 법회를 열도록 명령했던 것이다.

"『금강삼매경』을 풀이할 만한 스님이 누가 있을까?"

황룡사의 승려들은 의논을 거듭했으나 그럴 만한 승려를 찾지 못했다.

"제 생각에는 대안 스님이 『금강삼매경』을 풀이할 수 있으리라고 생각합니다."

"그러고 보니, 나도 대안스님이 일찍이 당나라에 유학한 일도 있고 해서 아는 것이 많다는 이야기를 들은 적이 있소."

"그렇다면 됐습니다. 대안 스님을 모시도록 합시다."

대안은 이미 많이 늙어 있었다. 무열왕이 부른다는 전갈을 받은 대안은 궁궐로 갔다.

대안은 태종무열왕이 내민 『금강삼매경』을 천천히 훑어보았다.

"제 능력으로는 할 수 없습니다."

대안이 『금강삼매경』을 덮으며 말했다.

"아니, 스님께서도 이 『금강삼매경』을 모르신다면 이 신라에서 누가 『금강삼매경』을 이해하고 있단 말입니까?"

• 고승 : 학덕이 높은 승려

태종무열왕은 따지듯이 물었다.

"이『금강삼매경』을 풀이할 사람은 신라에 딱 한 사람이 있습니다."
"그가 누구요?"
"원효입니다."

"아하, 내가 원효를 깜빡 잊고 있었구나."
태종무열왕은 원효를 궁궐로 불러오도록 했다.
원효는 그때 초개사에 있었다. 초개사는 수도 금성에서 멀리 떨어진 한적한 곳에 자리잡고 있었다.

"대왕께서 부르십니다."
사신이 고개를 숙이고 말했다.
"소승이 갈 테니 황소 한 마리를 구해 주시오."
사신은 부랴부랴 황소 한 마리를 구해 왔다. 원효는 황소 위에 올라탔다. 황소의 뿔과 뿔 사이에 벼루를 올려놓고 붓을 들었다. 법회에서 설법할『금강삼매경론』의 초안을 잡기 시작했다.

원효가『금강삼매경론』을 설법하기 위해 금성에 온다는 소문이 퍼지자, 많은 사람들이 모여들었다. 황룡사의 대법당에는 태종무열왕을 비롯

• 설법 : 불교의 교의를 풀어 밝힘

하여 왕비와 왕자, 공주, 벼슬아치 그리고 여러 고승들과 신도들이 빽빽이 들어 앉아 있었다.

원효가 두 손으로『금강삼매경론』의 초안을 받들고 연단에 올랐다. 사람들은 숨소리조차 죽이고 그의 얼굴을 바라보고 있었다.

잠시 장내를 둘러보고 난 원효는 천천히 입을 뗐다.

"사람의 마음의 근원은 있고 없음을 떠난 것입니다. 그러므로 그것은 원래 맑고 깨끗한 것입니다. 맑고 깨끗한 마음은 있고 없는 것을 떠나 있지만, 있고 없음의 중간에 있는 것이 아닙니다. 있음의 반대가 없음도 아니요, 없음의 반대가 곧 있음을 뜻하는 것도 아닙니다. 사람의 참다운 진리는 마음 하나에 달려 있습니다."

원효의 설법은 마치 흐르는 물처럼 막힘이 없이 이어졌다. 많은 사람들은 그의 설법에 귀를 기울였다. 오만하게 앉아 있던 고승들의 입에서도 찬양하는 소리가 저절로 흘러나왔다.

"지난날 나라에서 100개의 서까래를 구할 때에는 그 속에 끼일 수가 없더니, 오늘 아침에 단 한 개의 대들보를 가로지르는 일은 나 혼자 하게 되었구나."

설법을 끝낸 원효가 말했다.

이 말을 들은 고승들은 심한 부끄러움을 느껴 깊이 뉘우쳤다.

황룡사 대법당에서『금강삼매경』을 설법한 후, 원효는 초개사에 머무르면서 불교 경전에 관한 책을 쓰는 데 온 힘을 기울였다. 그가 살아 있는 동안 쓴 책은 『열반경종요涅槃經宗要』, 『대승기신론소大乘起信論疏』등 모두 140권이었다. 그러나 지금 남아 있는 것은 모두 23권뿐이다.

원효의 불교 사상으로는 화쟁 사상和諍思想 이외에도 일심 사상一心思想, 무애 사상無碍思想을 들 수 있다. 일심 사상은 인간의 마음을 깊이 통찰하여 원천으로 돌아가는 것을 궁극의 목표로 설정하고 육바라밀六波羅蜜의 실천을 강조하는 사상이라고 요약할 수 있다. 육바라밀은 보살이 수행에서 열반涅槃에 이르는 여섯 가지 방편을 말한다. 즉 보시布施·지계持戒·인욕忍辱·정진精進·선정禪定·지혜智慧를 아울러 이르는 것이다. 그리고 무애 사상은 "일체에 걸림이 없는 사람은 단번에 삶과 죽음을 벗어난다."는 원효의 말에 잘 나타나 있다. 그는 부처와 중생을 둘로 보지 않았다. 오히려 그는 "무릇 중생의 마음은 한데 통하여 아무 막힘이 없는 것이니, 태연하기가 허공과 같고 잠잠하기가 오히려 바다와 같으므로 서로 차별

조금 더 알아보기   『금강삼매경론』

『금강삼매경론金剛三昧經論』은 인디아의 마명馬鳴·용수龍樹 같은 고승이 아니고는 얻기 힘든 論이라는 명칭을 받은 책으로서 원효의 세계관을 알 수 있는 책이었다. 그는 왕실 중심의 귀족불교를 일반백성 중심의 민중불교로 바꾸는데 큰 역할을 하였다. 『금강삼매경론』은 원래 '논論'이 아니고 '소疏'였는데, 중국에 전해져서 높이 평가된 결과 '논'의 자리를 차지하게 되었다는 것이다. '논'은 경전을 풀이한 글이면서 경전의 일부로 편입되기에 이른 글을 말하며, '소'는 경전을 풀이하고 고증한 글을 말한다. 그리고 '기記'라고 하는 것은 경전을 공부하면서 갖게 된 생각을 적게 된 글을 말한다.

하는 것이 없다."라고 하였다. 그는 철저한 자유가 중생의 마음속에 있다고 보았다.

원효가 세상을 떠난 것은 신문왕 6년인 686년의 일이었다.

법상종을 처음 연 진표

진표眞表는 성이 정씨井氏로 완산주 만경현 사람이었다. 그의 아버지 이름은 진내말이며, 어머니의 이름은 길보랑이었다.

진표의 나이 11세 때의 일이었다. 어려서부터 활을 잘 쏜 그는 사냥을 하러 집을 떠나 돈대에 이르렀다. 그때 그는 밭둑에서 개구리들이 와글거리는 것을 보았다. 그는 개구리를 잡아 버드나무 가지에 꿰었다. 사냥을 끝낸 뒤에 가져가려고 물속에 담가 두었다. 사냥을 끝낸 그는 개구리를 물속에 담가 둔 사실을 깜박 잊고, 다른 길로 해서 집으로 갔다.

이듬해 봄 진표는 다시 사냥을 하기 위하여 집을 나섰다. 돈대에 이르렀을 때 개구리 우는 소리가 들려왔다. 그는 개구리 우는 곳으로 걸어가 물속을 들여다보았다. 그곳에는 30여 마리의 개구리가 꿰미에 꿰인 채 그때까지 살아서 울고 있었다. 그때서야 그는 지난 해 봄 개구리를 잡아 버드나무 가지에 꿰어 물속에 담가 뒀던 사실을 떠올렸다.

• 완산주 : 지금의 전북 전주시
• 꿰미 : 물건을 꿰는 데 쓰는 끈, 꼬챙이 같은 물건

"아아, 내가 저 생명들에게 몹쓸 짓을 하였구나."

진표는 잘못을 뉘우치고 스님이 되기로 결심하였다.

마침내 진표는 집을 떠나 금산사로 갔다. 그는 승제 법사 밑에 들어가서 머리를 깎고 중이 되어 배우기를 청했다.

"내가 일찍이 당나라에 들어가 선도善道에게 가르침을 받고 그 후 오대산에 들어가 문수보살이 감응되어 나타나 오계五戒를 받았다."

승제가 말했다.

"부지런히 공부를 하면 얼마나 되면 ˙계를 받습니까?"

진표가 물었다.

"정성이 지극하다면 1년을 넘기지 않을 것이다."

승제가 말했다.

진표가 스승의 말을 듣고 유명한 산들을 두루 찾아다녔다. 그는 선계산 불사의암에 머물면서 3업三業을 닦았다. 마침내 그는 망신참법으로 계를 얻었다. '망신참법'은 몸을 희생시키는 참회법을 말하는 것이었다. 진표는 처음 7일 밤을 정하여 ˙오륜을 연거푸 바위에 부딪혔다. 무릎과 팔이 다 부서졌다. 낭떠러지로 피가 흘러내렸다. 아무런 부처의 감응이 없었다. 몸을 버리기로 결심했다.

• 계戒 : 승려가 지켜야 할 모든 행동 규범을 이르는 말
• 오륜五輪 : 두 무릎, 두 손, 머리의 5체를 말함

진표는 다시 7일 밤을 정하여 오륜을 연거푸 바위에 부딪혔다. 마침내 14일째 되던 날 지장보살이 금지팡이를 흔들며 와서 손과 발을 고쳐 주고, 가사와 바리때를 주었다. 이때 그의 나이 스물세 살이었다.

그러나 그는 뜻이 미륵보살에게 있었다. 그는 수도를 중지하지 않고 영산사로 거처를 옮겨 처음과 같이 부지런하고 용감히 수도를 하였다. 과연 미륵보살이 『점찰경占察經』 2권과 증과간자證果簡子 189개를 들고 그의 앞에 나타났다.

진표는 미륵보살을 바라보는 순간 숨이 멎는 듯했다.

"그 중에 여덟째 간자는 새로 얻은 오묘한 계율을 말하는 것이요, 아홉째 간자는 더 얻은 자세한 계율인데 이 두 간자는 바로 내 손가락뼈고, 그 나머지는 모두 침단목沈檀木으로 만든 것이다. 모든 번뇌를 말한 것이니 너는 이것으로써 세상에 부처님의 가르침을 전하고 인간을 구원하는 뗏목으로 삼아라."

이윽고 미륵보살이 『점찰경』 2권과 증과간자 189개를 주며 말했다.

진표는 미륵보살이 준 『점찰경』과 증과간자를 받들고 산에서 내려왔다. 뭇 짐승들이 그의 걸음 앞에 엎드렸고, 남녀 백성들이 정성을 다하여 그

• 가사 : 중이 입는 법의. 장삼 위에 왼쪽 어깨에서 오른쪽 겨드랑이 밑으로 걸쳐 입음
• 바리때 : 나무로 대접처럼 만들어 안팎에 칠을 한 중의 공양 그릇
• 『점찰경』 : 불교의 한 경전. 지장보살이 부처님의 명에 따라 과거의 선악 행위와
        그 업보를 점치는 법을 설파하고 대승大乘의 실천을 밝힌 책, 2권으로 되어 있다
• 증과간자 : 불가佛家에서 수행으로 얻은 오도悟道의 증명을 기록한, 점을 치는 대쪽

를 맞이하였다. 그는 대연진大淵津에서 용왕으로부터 옥과 가사를 받았고 그 용왕의 가족들의 도움을 얻어 금산사를 중창하였다. 그는 그곳에서 머물면서 해마다 단壇을 열어 널리 부처님의 가르침을 설교했다. 그가 설교를 하는 동안 좌석의 정결하고 엄숙한 모습이 말세에서는 볼 수 없는 모습이었다. 부처님의 가르침이 두루 퍼져나갔다.

속리산에 길상사를 짓고 법상종을 이어나간 진표

그 뒤 진표는 금산사를 떠나 속리산을 향했다. 길을 가다가 그는 소가 끄는 수레를 탄 사람을 만났다. 갑자기 소들이 그를 향해 무릎을 꿇고 울

조금 더 알아보기   오계와 삼업

오계는 불교에서 출가하지 않은 신도들이 지켜야 하는 5가지 행위 규범을 말한다.

① 불살생不殺生 : 살아 있는 생명을 죽이지 말라

② 불투도不偸盜 : 주지 않은 것을 빼앗지 말라

③ 불사음不邪婬 : 삿된 음행을 하지 말라

④ 불망어不妄語 : 거짓말을 하지 말라

⑤ 불음주不飮酒 : 취기가 있는 것에 취하지 말라

재가자는 먼저 불佛 · 법法 · 승僧의 삼보三寶에 귀의한 뒤 오계를 받음으로써 정식 신도가 된다. '불'은 부처님, '법'은 부처님의 가르침, '승'은 부처님의 가르침을 따르는 승려를 말한다.

삼업은 신업身業 · 구업口業 · 의업意業을 말하는 것으로 신체의 동작과 언어와 의지의 작용을 말한다. 이것에 의해 윤회의 길이 결정된다.

었다. 수레를 탔던 사람이 내려왔다.

"이 소들이 어찌하여 스님을 보고 우는 것이며 스님은 어디에서 오시는 겁니까?"

그가 물었다.

"나는 금산사의 진표라는 중인데 내가 일찍이 [•]변산의 부사의방^{不思議房}에 들어가 미륵보살과 지장보살 앞에서 친히 계법^{戒法}과 증과간자를 받고 절을 세워 오랫동안 수도할 자리를 찾고자 일부러 이렇게 온 것이다. 이 소들이 겉은 멍청해 보이지마는 속은 밝아 내가 계법을 받을 줄 알고 불법을 소중히 여기기 때문에 무릎을 꿇고 우는 것이다."

진표가 말했다.

"짐승도 오히려 이 같은 신앙심이 있는데 더구나 사람된 자로서 어찌 신앙심이 없겠습니까?"

그가 말을 끝내고 손으로 낫을 잡아 머리카락을 잘랐다.

진표는 자비스러운 마음으로 다시 그 사람의 머리를 깎아 주고 계를 받게 하였다. 그들은 속리산 골짜기에 이르러 [•]길상초가 난 곳을 보고 표시를 해 두었다.

속리산에서 며칠 머물다 진표는 [•]아슬라주을 향해 떠났다. 그는 발길이

• 변산 : 지금의 전북 부안군 변산면
• 길상초 : 상서로운 풀

닿는 곳마다 부처님의 가르침을 설교하였다. 마침내 그는 아슬라주에 이르렀다. 바닷가를 걸어가는 동안 고기와 자라가 몰려와 다리를 놓아, 그를 물속으로 맞아들였다. 그는 고기와 자라들에게 부처님의 가르침을 설교하였다. 고기와 자라가 계를 받았다.

경덕왕은 이 이야기를 전해 듣고 진표를 궁궐로 모셔오도록 했다. 경덕왕은 진표로부터 보살계를 받고 벼 7만 7천 석을 주었다. 왕의 친척들도 모두 계율을 받고 비단 5백 단과 황금 5십 량을 그에게 주었다. 그는 이것을 모두 받아서 여러 절들에 나누어 주어 널리 불교 행사를 일으켰다.

그 뒤 금강산에 들어가 발연사鉢淵寺를 세운 진표는 점찰법회占察法會를 열고 7년을 머물렀다.

아슬라주에 흉년이 들어 많은 백성들이 굶주렸다. 그는 굶주리는 백성들을 구제하기 위하여 계법을 설교하였다. 백성들이 부처님 앞에 치성을 다하자, 갑자기 고성 바닷가에 고기 떼가 저절로 죽어서 나왔다. 백성들은 이것을 팔아서 양식을 장만하여 굶주림을 면할 수 있었다.

진표는 발연사에서 다시 변산의 부사의방에 들렀다가 고향으로 돌아가 아버지를 찾았다. 더러는 스님 진문의 방에 가 머물기도 했다.

이때 속리산에서 스님 영심이 스님 융종, 불타 등과 함께 찾아왔다.

• 아슬라주 : 지금의 강원도 강릉시

"우리는 천리를 마다 않고 와서 계법을 구하오니 원컨대 불교에 들어가는 이치를 가르쳐 주소서."

그들이 머리를 수그렸다.

"……."

진표가 잠자코 대답을 하지 않았다.

그들은 복숭아나무 가지로 올라갔다. 거꾸로 땅에 떨어져 용맹스럽게 참회를 하였다. 진표는 그들에게 부처의 가르침을 전하고, 머리를 물로 씻어주었다. 그리고 가사와 바리때와『공양차제비법供養次第秘法』1권과『일 찰선악업보경日察善惡業報經』2권, 그리고 미륵보살의 제9간자와 제8간자를 주었다.

"제9간자라는 것은 불법이요, 제8간자라는 것은 새로 부처가 되는 씨앗이다. 내가 이미 너희들에게 부탁하노니 이것을 가지고 속리산으로 돌아가라. 그곳에 가면 산에 길상초가 난 곳이 있을 것이니 그곳에다가 절을 세우고 이 교법에 따라 널리 산 사람과 죽은 사람을 건지고 후세까지 유포시키도록 하라."

진표가 그들에게 말했다.

그들은 속리산으로 돌아가 길상초가 난 곳을 찾아서 절을 세우고 절 이름을 길상사라고 하였다. 그리고 점찰법회를 열어 진표의 법통인 법상종 法相宗을 이어나갔다. 그들 이외에도 보종·신방·체진·진해·진선·석총 등의 뛰어난 제자들이 있었다.

진표는 그의 아버지와 함께 다시 발연사로 가서 도를 닦으면서 아버지에게 효도를 다했다. 그가 세상을 떠날 때 발연사 동쪽에 있는 큰 바위 위에 올라가 죽었다. 제자들이 시체를 옮기지 않고 그냥 공양하다가 해골이 흩어져서 떨어지자 흙으로 덮어 무덤을 만들었다.

『왕오천축국전』을 지은 혜초

혜초는 성덕왕 3년인 704년에 태어나 아주 어릴 적에 당나라로 건너갔다. 그는 당나라에서 인디아 승려 금강지金剛智한테 밀교를 배웠다. '밀교'는 주문呪文, 진언呪文 따위의 해석을 할 수 없는 경전을 주로 하는 불교의 종파이다. 금강지는 남부 인디아 출신으로 제자인 불공不空과 함께 중국으로 건너와 밀교를 퍼뜨리고 있었다. 그는 스리랑카, 수마트라를 거쳐 당나라 광주에 왔고, 장안, 낙양 등지에서 밀교를 가르쳤다.

혜초는 금강지한테 밀교를 배우면서 인디아로 가서 불교를 깊이 연구해야겠다는 생각을 하게 되었다. 그러나 그는 인디아에 가는 것이 얼마나 어려운 일인지를 잘 알고 있었다. 그는 인디아로 갈 준비를 하나하나 해나갔다.

혜초가 인디아로 떠난 것은 언제인지 확실하지 않다. 다만 723년경으로 추정하고 있고, 물길로 갔는지, 뭍길로 갔는지 확실하지 않다.

• 법통 : 불법의 전통

혜초는 만 4년 동안 인디아를 여행했다. 카슈미르, 아프가니스탄, 중앙 아시아 일대까지 답사하였다. 그가 처음 발을 디딘 곳은 마가다 왕국이 있던 곳이었다. 그곳은 3세기 무렵 아쇼카왕 때부터 굽타 왕조에 이르기까지 불교가 가장 성행하던 곳이었다. 그러나 혜초가 그곳을 찾아갔을 무렵에는 불교가 쇠퇴하고 불교 이외의 다른 종교가 성행해 많은 불교 유적들이 무너져 가고 있었다.

혜초가 그곳을 떠나 한 달 뒤에 도착한 곳은 쿠시나가라였다. 그곳은 석가모니가 세상을 떠난 곳이었다. 이미 성이 무너져 사람들은 살고 있지 않았다. 석가모니가 세상을 떠난 곳에 탑을 세웠는데, 스님 한 사람이 그 밑을 빗자루로 쓸고 있었다.

"왜 이렇게 사람들이 보이지 않습니까?"

혜초가 물었다.

"지금은 사람들이 오지 않지만 해마다 8월 8일이 되면 승려와 일반 사람들이 모두 이리로 와서 대대적으로 불공을 드립니다. 그때 공중에는 깃발이 휘날리는데 그 수를 헤아릴 수 없습니다. 뭇 사람들이 함께 이를 보고, 불교를 믿겠다고 결심하는 사람이 한둘이 아닙니다."

승려가 빗자루 질을 멈추고 말했다.

혜초는 쿠시나가라를 떠나, 남쪽의 바라나시로 향했다. 그곳은 갠지스 강 유역에 자리 잡은 오래된 도시로, 힌두교의 성지이기도 했다. 혜초는 바라나시에 도착하여 사르나트란 곳으로 찾아갔다. 사르나트에는 석가모

225

니가 크게 깨달은 것을 처음으로 다섯 비구니에게 설교한 곳인 녹야원鹿野
苑이 있었다.

　석가모니가 살아 있을 때에는 그곳에 사슴이 뛰놀고 있었다. 그래서 이
름을 녹야원이라고 했던 것이다.

　혜초는 바라나시로부터 다시 동쪽으로 부다가야를 찾아갔다. 그곳은
석가모니가 보리수 아래에서 6년간 수행修行한 끝에 처음으로 삶의 참뜻
을 크게 깨달은 곳이었다. 또 이것을 기념하여 세운 마하보리사라는 큰
절이 있다.

　바라나시에서부터 혜초는 갠지스강을 서북쪽으로 거슬러 올라가 끝없
는 여행길에 올라 중천축국의 수도 카나우지로 갔다. 그 당시 당나라에서
는 인디아를 천축국天竺國이라고 불렀다. 다시 이것을 5천축, 다시 말해 동
천축 · 서천축 · 남천축 · 북천축 · 중천축이라 부르기도 했다.

　중천축국의 땅이 넓어 백성들도 많고 번잡했다. 중천축국 왕은 9백 마
리의 코끼리를 가졌고, 신하들 가운데는 2, 3백 마리의 코끼리를 가진 사
람들도 있었다. 그 나라 왕은 몸소 군대를 거느리고 나가 싸움을 하는데
이웃 네 나라와 싸움을 하면 중천축국 왕이 이끄는 군사들이 늘 승리했
다. 왜냐하면 중천축국은 코끼리가 많고, 싸울 때마다 코끼리를 부려 싸
웠기 때문에, 그 힘에 당할 나라가 없었기 때문이었다.

혜초의 5천축국 여행

5천축국은 의복, 언어, 풍속, 법률 등이 서로 비슷했다. 5천축국에는 감옥이 없고 죄지은 사람을 때리는 일도 없었다. 죄를 지은 사람이 있으면 그 죄의 무겁고 가벼움에 따라 벌금을 물리고 사형에 처하지는 않았다. 길거리에는 도적이 많았다. 그러나 그들은 물건을 빼앗고는 곧 놓아 주었으며 사람을 다치거나 죽이지는 않았다.

5천축국은 기후가 매우 따뜻하여 항상 대지 위에서 온갖 풀이 자라고, 서리나 눈이 내리지 않았다. 5천축국 사람들은 쌀로 빚은 떡과 보릿가루·버터·우유 같은 것들을 먹었다. 그러나 그들은 간장과 소금을 먹을 줄 몰랐다.

백성들은 특별히 세금을 바치거나 부역을 나가서 일을 할 의무는 없었다. 다만 곡식 다섯 섬만 왕에게 바쳤다. 그 나라 백성들은 가난한 사람들이 많고 부자가 적었다.

중천축국을 두루 살펴본 혜초는 남쪽을 향해 3개월 동안 걸어서 남천축국으로 갔다. 그 나라왕은 8백 마리의 코끼리를 소유하고 있었다. 의복, 음식, 풍속은 중천축국과 비슷하나 언어가 좀 달랐다.

남천축국은 절도 많고 중도 많은 나라였다. 대승불교와 소승불교 모두가 성한 가운데 돌산에 굴을 파고 돌기둥을 세워서 3층으로 지은 돌절이 있었다. 용수보살이 야차신을 시켜 지은 절이었다.

• 야차신夜叉神 : 모양이 추하고 괴상하여 사람을 해치는 잔인하고 혹독한 귀신

혜초는 다시 서북쪽으로 향했다. 그곳은 인더스강이 흘러가고 있는 지방이었다. 그때 마침 이슬람 군사들이 쳐들어왔다. 그는 다시 서천축국에서 북쪽으로 길을 잡았다. 그리하여 그가 북천축국의 수도 잘란다라에 도착한 것은 길을 떠난 지 3개월 만의 일이었다. 북천축국은 다른 나라들과는 달리 산이 많아서 성도 산 속에 자리 잡고 있었다. 기후도 차가웠다. 혜초는 인더스강 유역의 여러 나라를 돌아다녔다.

북천축국을 떠난 혜초는 북쪽의 카슈미르 지방으로 나왔다. 사람들이 많이 살고 있었으나 대부분 가난했고, 기후가 몹시 추운 곳이었다. 혜초는 여기서 다시 서북쪽으로 산을 넘어 한 달 만에 간다라 지방으로 나왔다. '간다라'는 인디아의 서북부 페르시아를 중심으로 한 지역의 이름이었다. 간다라의 왕과 군사는 모두 돌궐족이었다. 백성들은 모두 산속에서 생활하고 있었다. 그들의 의복이나 언어, 습속이 지금까지와는 전혀 달랐다. 땅은 보리와 밀을 재배하기에 알맞고, 기장 · 조 · 벼는 재배하지 않았다. 사람들은 대개 보릿가루와 떡을 먹었다. 그런데 불교는 상당히 널리 퍼져 있었다.

혜초는 간다라 지방에서 북쪽으로 올라가 우디아나, 치트랄을 거쳐 서부 투르카스탄으로 들어갔다. 이제는 뭍길로 당나라로 돌아가는 길만이 남았다.

혜초가 만 4년 동안의 인디아 여행을 마치고, 카슈미르, 아프가니스탄, 중앙아시아 일대까지 답사하고 당나라 수도 장안으로 돌아온 것은 그의 나이 서른 살 전후였다. 그는 장안의 천복사에서 스승 금강지와 함께 인디아말로 된 밀교 경전을 한문으로 옮기는 일을 하기도 했다. 금강지가 죽은 후 혜초는 금강지의 제자였던 불공삼장不空三藏으로부터 밀교 경전의 강의를 받았다.

그 뒤 혜초는 여러 해 동안 장안에 머물다가 불경을 번역하기 위하여 오대산으로 들어갔다. 중국의 서북쪽에 있는 이 산은 불공삼장과 인연이 깊은 산이었다. 그는 오대산에 금각사를 세웠으며, 그의 제자 함광도 이곳에 있었다.

신라 원성왕 3년인 787년 혜초는 조용히 세상을 떠났다.

혜초에 관한 기록은 한국 옛 역사서에는 어느 곳에도 보이지 않는다. 혜초의 이름이 세상에 알려지기 시작한 것은 그가 쓴 인디아 여행기인 『왕오천축국전』이 1908년 프랑스의 동양학자 폴 펠리오Paul Pelliot에 의해 중국 서북쪽 감숙성 돈황의 석굴에서 발견되면서부터였다. 『왕오천축국전』을 통해 혜초에 관한 기록을 조금 더듬어 볼 수 있게 되었다.

신라 구산 선문 사굴산파를 처음 연 범일
신라 말 어느 양가의 처녀가 *굴산에 살고 있었다. 나이가 들어 시집갈

---

*굴산 : 지금의 강원도 강릉시 학산리

때가 지났는데도 마땅히 시집갈 남자가 나타나지 않아 노처녀로 지내고 있었다.

하루는 그녀가 석천石泉에 물을 길으러 갔다. 그날따라 햇빛이 강렬하게 샘물 위로 내리 꽂히고 있었다. 그녀는 얼굴을 찡그리며 물을 한 바가지 떠서 마셨다. 물동이를 이고 집으로 돌아올 때도 햇빛은 강렬하게 그녀의 몸을 내리비췄다.

그 날 이후, 그녀의 몸이 달라졌다. 14개월 만에 그녀는 사내아이를 낳았다. 시집도 안 간 처녀가 사내아이를 낳았으니 그 처녀 자신은 물론 집안의 망신이었다.

"어허, 이게 무슨 꼴인고. 집안을 온통 그르칠 변고가 아니고 무엇인고. 당장 아이를 갖다 버려라!"

아버지가 혀를 끌끌 찼다.

그녀는 아기를 포대기에 싸서 몰래 학바위로 올라갔다. 그녀는 아기를 학바위 밑에 두고 내려오면서 눈물을 뚝뚝 흘렸다.

아무것도 모르는 핏덩이를 학바위 밑에 버리고 온 그녀는 도무지 잠을 잘 수 없었다. 사흘째 되던 날 그녀는 새벽에 일어나, 몰래 학바위로 갔다. 그런데 아이는 포대기에 싸인 채 쌔근쌔근 잠을 자고 있었다.

'아기가 죽지 않았다니. 누군가가 돌보아 주고 있는 게 틀림없어.'

그녀는 학바위 뒤에 숨어서 지켜보기로 했다.

버려진 아이는 학에게 보살핌을 받았다.
이 아이가 구산 선문 사굴산파를 처음 연 범일이다.

산 위에서 이글거리던 태양이 넘어가고 어둠이 산줄기를 타고 내려왔
다. 그녀는 아기 쪽으로 눈길을 꽂은 채 움직이지 않았다. 자정이 가까워
올 무렵이었다. 날개가 흰 학 한 마리가 날아왔다. 학은 아기 앞에 앉아
고개를 두어 번 갸웃거리더니 두 날개로 아기를 덮어 주었다. 밤새도록
아기 곁을 떠나지 않던 학은 동이 번히 터오자 붉은 열매 3개를 아기의 입
에 넣어 주고는, 날갯짓을 힘차게 해 대며 하늘로 솟아올랐다.

이 모습을 지켜본 그녀는 아기의 포대기를 잘 단속해 두고는 집으로 내려왔다. 그 날 저녁 그녀는 아무도 몰래 다시 학바위로 갔다. 아기는 포대기 속에서 방긋방긋 웃고 있었다. 밤이 어둠을 학바위에 짙게 깔자, 학이 다시 날갯짓을 하며 하늘에서 내려 왔다. 학은 두 날개로 아이를 덮어 주었다. 여명이 밝아 오자, 학은 다시 붉은 열매 3개를 아기의 입에 넣어 주고 하늘로 높이 솟아올랐다.

그녀가 초저녁에 사라졌다가 새벽녘에 돌아오곤 하는 것을 이상하게 여긴 집안사람들이 몰래 그녀를 따라갔다. 숨어서 그녀를 지켜보던 집안사람들은 깜짝 놀랐다. 학이 하늘에서 내려와 두 날개로 아기를 감싸 주고 새벽녘에는 붉은 열매 3개를 아기의 입에 넣어 주고 하늘로 솟아오르는 게 아닌가!

그녀의 아버지와 어머니는 이 이야기를 듣고, 그 아기가 범상치 않은 아이라고 생각했다.
"그 아기를 다시 데려다 기르도록 해라."
그녀의 아버지가 담담한 목소리로 말했다.
"고맙습니다. 잘 기르겠습니다."
그녀는 어머니를 부둥켜안고 눈물을 터뜨렸다.
아기의 이름은 김범일金梵日이라고 지었다.

범일은 무럭무럭 자라나, 어느덧 일곱 살이 되었다.

"어머니, 우리 아버지가 누구예요?"

범일이 물었다.

"……."

어머니는 머뭇거렸다.

"우리 아버지가 누구예요?"

범일이 재차 물었다.

어머니는 사실대로 아이에게 말해 주었다.

다시 세월이 화살처럼 흘러갔다. 범일이 15세가 되었다.

"불효자식이 반드시 어머니를 위해 큰 사람이 되어 돌아올 것이니 근심 걱정일랑 마시고 또 저를 찾지도 말아 주십시오."

범일은 어머니에게 출가의 뜻을 밝혔다.

어머니는 순간 몹시 서운하였으나, 아들이 큰 뜻을 품고 집을 나선다는 데 눈물만 뿌리고 있을 수는 없는 일이었다.

한층 더 깊이 읽기 | 범일의 출생 설화

조선 시대 후기에 나온 『임영지臨瀛誌』와 같이 강원도 지방에서 출간된 문헌을 중심으로 강원도 강릉 지방에 퍼져 있는 범일의 출생 설화와는 다른 이야기가 중국에서 나온 『조당집祖堂集』에 전한다. 범일은 계림 출신으로 그의 아버지는 명주도독을 지낸 김술원이며, 어머니는 문씨였다. 태양을 머리 위로 받드는 꿈을 꾸고 13개월 만에 낳았다고 한다.

"사내가 큰 뜻을 품었으면 반드시 그 뜻을 이루어야지."

어머니는 범일을 격려하였다.

신라로 가 벼슬을 마다하고 수행한 범일

15세에 출가한 범일은 20세에 금성으로 가서 **구족계**具足戒를 받고 수행에 온 힘을 쏟았다. 구족계란 열반에 친근하다는 뜻으로 비구계, 비구니계라고도 한다. 이것은 비구나 비구니가 받아 지킬 계법으로 비구는 250계, 비구니는 348계이다. 이 계를 받으려는 사람은 젊은이로서 일을 감당할 만하고, 몸이 튼튼하여 병이 없으며 죄과도 없고, 이미 사미계沙彌戒를 받은 사람에 한한다.

그 후 범일은 당나라로 건너가 불교 경전을 공부하길 바랐으나, 좀처럼 기회가 오지 않았다. 그는 왕자 김의종金義琮이 당나라로 간다는 소식을 들었다. 범일은 기회가 왔다고 생각해 김의종을 찾아갔다.

"불법을 찾고자 당나라로 가고 싶으니 도와주십시오."

범일은 김의종에게 자신의 뜻을 말했다.

김의종은 범일의 뜻이 매우 강렬하다는 것을 알고, 사신들과 함께 당나라에 갈 수 있도록 허락했다.

마침내 범일은 김의종과 함께 당나라로 갔다. 당나라에 도착한 그는 유명한 승려들을 찾아 여러 곳을 헤매다가 제안齊女을 만나게 되었다.

"그대는 어떻게 당나라에 왔는가?"

제안이 물었다.

"동국東國에서 왔다."

범일이 대답했다.

"물길로 왔는가, 뭍으로 왔는가?"

제안이 다시 물었다.

"두 길 다 밟지 않고 왔다."

범일이 대꾸했다.

"어떻게 그대는 두 가지 길을 다 밟지 않고 이를 수 있었나?"

제안이 거듭 물었다.

"일월日月은 동서에 각각 따로 있는데 무엇이 방해가 되는가?"

범일이 대답했다.

"그대야말로 동방의 •보살이로구나."

그제야 제안이 무릎을 탁 쳤다.

"무엇을 •성불이라 합니까?"

이번에는 법일이 다시 물었다.

"도道는 닦는 것이 아니라 더럽히지 않는 것이며, 부처나 보살에 대한 소견을 내지 않는 평상의 마음이 곧 도이다."

제안이 천천히 말했다.

• 보살 : 고승을 높이어 이르는 말
• 성불成佛 : 모든 번뇌에서 해탈하여 불과를 이루는 것, 곧 부처가 되는 것을 말함

범일은 이 말을 듣고 크게 깨달은 바가 있었다. 그곳에서 그는 6년 동안 도를 닦았다.

　범일은 이름 높은 승려인 유암을 찾아 나섰다.

　"누굴 보려고 왔느냐?"

　유암이 물었다.

　"˚화상을 찾아왔다."

　범일이 대답했다.

　"여기 오는 길이 없는데 어떻게 찾아왔나?"

　유암이 다시 물었다.

　"화상이 다시 한 걸음으로 나간다면 저는 화상을 보지 못할 것입니다."

　범일이 다시 대답했다.

　"크고 기이하다. 크고 기이하다. 밖에서 불어온 바람이 사람을 죽이는구나."

　유암이 거듭 감탄했다.

　범일은 그 후 여러 군데를 더 돌아다니다가 844년 당나라 무종이 불교를 박해하자, 그는 위태로운 지경에 빠지게 되었다. 상산商山의 산속에 들어가 그는 산나무 열매와 나무뿌리로 목숨을 이어가다가 소주로 가서 육조대사 혜능의 탑에 참배했다. 이 무렵 그는 신라로 돌아가 부처님의 가

• 화상和尚 : 수행을 많이 한 중

르침을 펼 것을 생각하다가, 847년에 신라로 가는 배를 탔다.

  851년까지 범일은 백달산에 머무르며 정진하였다. 그 후 그는 명주도독 김내청이 굴산사에 머물도록 청해 오자 그는 명주로 가서 굴산사에 머무르게 되었다.

  범일은 소나무가 열 지어 서 있는 곳을 복도로 삼고 편편하게 돌을 깔아 참선 장소로 삼았다.

  "수도자가 할 일이 무엇입니까?"

  제자가 물었다.

  "부처의 뒤를 따르지도 말고 다른 사람의 깨달음도 따르지 말라. 앞뒤 사람을 바라보고 돌아볼 것도, 더 이상 닦고 얻을 바도 없는 본래 부처로서의 철두철미한 자기 본분의 자각을 수행의 목표로 삼아야 하느니라."

  범일이 대답했다.

  경문왕이 사자를 보내어 국사로 모시고자 했다. 범일은 사양했다. 그 다음 임금인 헌강왕이 사자를 보내어 국사로 모시고자 했다. 범일은 또 사양했다. 그 다음 임금인 정강왕이 국사로 모시고자 사자를 보냈지만, 범일은 꿈쩍도 하지 않았다.

• 국사 : 덕행이 높은 중에게 주던 최고의 승직

범일은 40년 동안 굴산사에 머무르면서 불법을 닦았다.

진성여왕 3년인 889년 4월 말, 범일이 제자들을 불렀다.

"나는 이제 다른 곳으로 가려고 한다. 이제 너희들은 세상의 인정에 끌려 마음을 쓰거나 슬퍼하지 말라. 다만 스스로 마음을 닦아 큰 뜻을 깨트리는 일이 없도록 하라."

범일은 이러한 말을 남기고 오른쪽으로 누워 발을 포개고 입적하였다.

선종과 교종

범일은 당나라에서 새로운 불교 운동의 하나로 성립된 *선종을 공부하고 왔다. 그는 선종의 구산 가운데 사굴산파를 처음 열었다. 그의 대표적인 제자로는 개청開淸과 행적行寂이 있다. 개인적인 정신세계를 찾는 경향이 있는 선종은 삼국 통일 전후에 신행, 도의 등에 의하여 신라에 전래되었으나 *교종에 눌려 빛을 보지 못하고 있었다. 그런데 신라 말기 지방에서 독자적인 세력을 형성하고 있던 호족의 취향에 어울리고, 새로운 시대의 정신적 기반이 되면서 교종의 전통과 권위에 대항하면서 크게 유행하게 되었다. 선종은 교종의 기성 사상 체계에 의존하지 않고, 스스로 사색하여 진리를 깨닫는 것이 옳다고 주장하였다.

신라 말기 선종의 발달은 중국 문화에 대한 이해의 폭을 넓혀 주었으며,

• 선종禪宗 : 참선으로 자신의 본성을 구명해서 성불함을 목표로 하는 불교 종파
• 교종教宗 : 불교의 교리를 중시하는 불교 종파

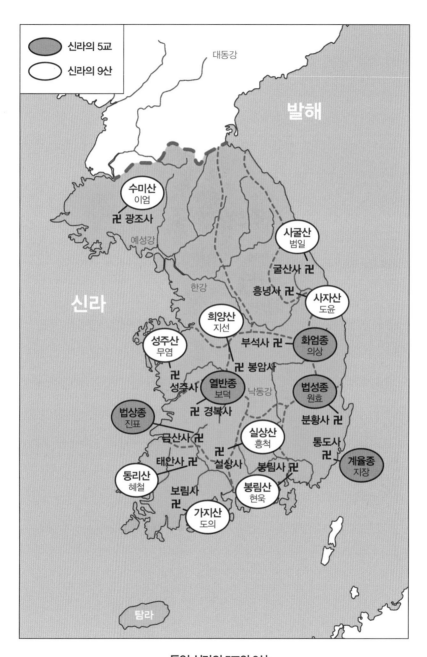

통일 신라의 5교와 9산

고려 건국의 사상적 기반을 제공하였다. 한편 선종은 불교 의식과 권위를 배격하였기 때문에 조형미술의 쇠퇴를 초래하였다.

풍수지리 사상을 이론화한 도선

도선道詵의 어머니 강씨가 어느 날 꿈을 꾸었다. 어떤 사람이 반짝반짝 빛이 나는 구슬을 1개 들고 다가왔다.

"이것을 삼키시오."

그가 그것을 강씨에게 주었다.

강씨는 얼결에 그것을 받아 삼켰다.

구슬을 삼키는 꿈을 꾼 후, 강씨는 아이를 밴 기운이 있었다. 그녀는 만삭이 되도록 매운 것, 비린내 나는 것을 가까이 하지 않고 오직 불경 읽기와 염불에만 뜻을 두었다. 그녀는 아이가 자라서 큰 그릇이 되리라고 생각했다.

조금 더 알아보기 | 9산

사굴산파 이외의 선종의 구산 선문으로는 도의가 창시자이며 보림사가 중심 사찰인 가지산파, 홍척이 창시자이며 실상사가 중심 사찰인 실상산파, 혜철이 창시자이며 대안사가 중심 사찰인 동리산파, 무염이 창시자이며 성주사가 중심 사찰인 성주산파, 현욱이 창시자이며 봉림사가 중심 사찰인 봉림산파, 도윤이 창시자이며 흥녕사가 중심 사찰인 사자산파, 지선이 창시자이며 봉암사가 중심 사찰인 희양산파, 이엄이 창시자이며 광조사가 중심 사찰인 수미산파가 있었다.

도선은 15세가 되자 집을 떠나 월유산 화엄사에서 머리를 깎고 중이 되었다. 깊고 넓은 진리의 바다인 불교의 교리 학습에 그는 온 힘을 쏟았다. 한 해도 채 못 되어 그는 『화엄경』에 통달하여 ˙문수보살의 미묘한 지혜와 ˙보현보살의 ˙법문도 모두 깊이 깨달았다.

"도선의 총명함은 귀신도 따라오지 못할 거야!"
"난 저렇게 빨리 『화엄경』을 통달하는 사람을 보지 못했어."
함께 공부하던 스님들은 입을 모아 도선을 칭찬하였다.

도선이 20세가 되던 해의 어느 날이었다. 그때가 문성왕 8년인 846년이었다.
"대장부가 마땅히 교리를 벗어나 고요히 살아야 할 것인데 어찌 안이하게 문자에만 매달려 있을 것인가."
도선이 갑자기 생각났다는 듯이 말했다.

도선은 곡성의 동리산을 향해 떠났다. 동리산은 구산 선문九山禪門의 하나로 중심 사찰은 대안사였다. 그곳에는 서당지장 대사에게서 ˙밀인을 전해 듣고 당나라에서 돌아온 혜철 대사가 있었다. 그는 혜철로부터 23세 때 구족계를 받은 이후 이곳저곳을 떠돌아 다녔다. 때는 신라 말기여서,

---

• 문수보살文殊菩薩 : 지혜를 위주로 한 보살
• 보현보살普賢菩薩 : 행실과 원력을 위주로 한 보살
• 법문法門 : 중생이 불법으로 들어가는 문. 부처의 가르침
• 밀인密印 : 선종에서 앎이나 글에 의하지 않고 마음에서 마음으로 전하는 것

나라 안이 몹시 어지러웠다. 곳곳에서 도둑 떼가 일어나 백성들의 재물과 목숨을 빼앗고, 집에 불을 지르곤 하였다.

"어허, 나라가 어지럽다 보니 죄 없는 백성들만 고통을 당하는구나."

도선은 불타오르는 마을을 내려다보며 깊은 생각에 빠졌다.

도선은 운봉산에 굴을 파고 수도를 하기도 하고, 태백산에 움막을 치고 여름 한철을 보내기도 하였다. 어느덧 그의 발길은 지리산에 닿았다. 그는 구령이라는 곳에 암자를 짓기 시작했다. 그때 이상한 차림을 한 사람이 다가왔다.

"제가 세상 밖에서 숨어서 산 지가 근 수백 년이나 됩니다. 조그마한 술법이 있으므로 대사님께 바치려 하니, 천한 술법이라고 비루하게 여기지 않으신다면 뒷날 남해의 바닷가에서 드리겠습니다. 이것도 대보살大菩薩이 세상을 구제하고 인간을 제도하는 법입니다."

그가 말을 끝내고는 사라졌다.

도선은 기이하게 생각하고 그가 말한 곳으로 가 보았다. 그가 모래를 쌓아 산과 강의 순조롭고 거슬리는 형세를 도선에게 가르쳐 주었다. 그리고 그는 곧 사라졌다. 그곳이 지금의 구례군 화엄사 아래에 있는 사도촌이라는 곳이다.

도선은 이로부터 환하게 깨달아 음양오행에 대한 연구를 열심히 하게 되었다. 음양陰陽은 역학易學에서 이르는, 만물의 근원이 되는 상반된 성질을 가진 두 가지의 것을 말한다. 해와 달, 남성과 여성, 낮과 밤, 불과 물, 여름과 겨울 따위를 말하며, 오행五行은 동양 철학에서, 만물이 생성生成하고 만상萬象을 변화시키는 다섯 가지 원소인 '금金 · 목木 · 수水 · 화火 · 토土'를 이르는 말이다.

도선은 발길 닿는 대로 이곳저곳을 떠돌아다녔다. 어느덧 그의 발길은 임진강을 건너 •송악군에 닿았다.

"이곳에 송악산 기슭에 왕기王氣가 뻗어 있구나."

송악산 꼭대기에서 산줄기를 살피다 말고 도선이 낮은 목소리로 중얼거렸다. 그는 뻗어 있는 왕기를 따라 산등성이를 내려왔다. 한 바위에서 왕기가 뻗어 내려와 골짜기에 닿아 있었다. 골짜기 앞으로 큰 냇물이 감돌아 흐르고 있었고, 번듯하게 생긴 기와집이 골짜기에 감싸인 채 자리 잡고 있었다.

"여기는 마땅히 임금이 될 사람이 태어날 것인데 이 집에 사는 사람은 알지 못하고 있구나."

도선이 그 집의 문 앞을 지나다가 혼잣소리로 중얼거렸다.

마침 계집종이 이 말을 듣고 집주인 왕륭에게 알렸다.

"예사스러운 스님이 아니다. 당장 뒤쫓아 가서 그 스님을 모셔 오너라."

왕륭이 다급하게 말했다.

하인들이 달려가서 도선을 모시고 집안으로 들어왔다.

"실례입니다만, 스님은 어느 절에 계신 뉘신지요?"

• 송악군 : 지금의 경기도 개성시

왕륭이 물었다.

"나는 도선이라고 하는 떠돌이 중입니다."

도선이 염주를 돌리며 말했다.

"이거 몰라 뵈어 죄송합니다. 도선 대사님을 누추한 저희 집에 모시게 되어서 영광으로 생각합니다. 저의 이름은 왕륭이라고 합니다."

왕륭은 벌떡 일어나 도선에게 큰절을 올렸다.

저녁상이 들어왔다. 맛깔스러운 반찬이 상 가득 놓여 있었다. 배불리 먹은 도선은 일찍 잠자리에 들었다.

다음 날, 아침밥을 먹은 도선은 왕륭을 데리고 뒷동산으로 올라갔다.

"내가 그대를 이렇게 만난 것도 결코 예사 인연이 아닐 것이오. 내가 이르는 대로 하시오."

"대사님이 일러 주시는 대로 하겠습니다."

"좋소이다. 바로 이 자리가 왕기가 비치는 곳이오. 저 앞 산 바위가 보이지 않소? 바로 저 바위에서 뻗어 내려온 왕기가 이곳에 머물고 있소. 이 집을 36칸짜리 집으로 고쳐 지으시오. 그리하면 2년 만에 반드시 귀한 아들을 낳게 될 것이오."

말을 끝낸 도선은 한 권의 책을 바리때에서 꺼냈다.

"이 책은 장차 그대가 낳을 아들에게 올리는 것이오. 나이 장년이 되거든 주시오."

도선이 왕륭에게 그것을 건네주었다.

도선은 풍수지리 사상을 이론화했다.

조금 더 알아보기　도선의 생애를 알 수 있는 기록

통일 신라 말기의 승려로 풍수지리설의 대가로 알려진 도선의 생애를 알 수 있는 기록으로는 『동문선』 권117에 실려 있는 「백계산 옥룡사 증시선각국사 비명병서白溪山玉龍寺贈諡先覺國師碑銘幷書」가 유일하다고 할 수 있다. 그것은 고려 의종 4년1150년 최유청이 의종을 명을 받들어 기록한 것이다.

"대사님, 감사합니다."

"그리고 마지막 한 가지 더."

도선이 말을 멈추고 왕륭의 집을 물끄러미 바라보았다. 이윽고 그가 천천히 입을 뗐다.

"이곳에서 바라보면 왕기가 너무 빤히 보이니 집 근처에 소나무를 많이 심어 잘 보이지 않도록 하십시오."

"잘 알겠습니다."

송악을 떠난 도선은 ˙의향현 백계사의 옥룡사에 자리를 잡았다. 그곳에서 그는 제자들을 가르쳤다. 그가 가르칠 때마다 수백 명의 제자들이 모여들었다.

그의 이야기를 들은 헌강왕은 그를 궁궐로 초빙하여 ˙법문을 들었다.

도선의 풍수지리 사상은 왕건의 「훈요10조」에 많은 영향을 끼쳤다.

신라 효공왕 2년인 898년, 72세의 나이로 도선이 죽자 효공왕은 요공선사了空禪師라는 시호를 내렸다. 그리고 고려 시대 인종은 그를 선각국사先覺國師로 추봉追封하고, 의종은 그를 기려 비를 세웠다.

• 의향현 : 지금의 전남 광양시
• 법문 : 불경의 글

인물	사상과 업적
원측	불교 유식학
의상	화엄종, 화엄 사상, 부석사
원효	법성종, 『법화경』
진표	법상종, 길상사
혜초	『왕오천축국전』
범일	구산 선문 사굴산파
도선	풍수지리 사상

2부

통일 신라의 문화

2. 통일 신라의 학문과 예술

대문장가이자 유교적 도덕률의 실천가인 강수

강수強首는 통일 신라 초기의 문장가로 『삼국사기』 권46 「열전」에 그에 관한 기록이 적혀 있다.

신라의 [•]중원경 사량부 마을에 나마 벼슬을 하는 석체라는 사람이 있었다. 그의 부인이 꿈속에서 머리에 뿔이 돋친 사람을 보았다. 그 때 아기를 배어 열 달 만에 낳았다. 그런데 아기의 머리 뒤에 높은 뼈가 있었다.

"이런 이상한 일도 다 있나? 왜 이럴까?"

석체는 아기를 데리고 [•]현자를 찾아갔다.

• 중원경 : 지금의 충북 충주시
• 현자 : 지혜와 학식이 있는 사람

"이 아이의 머리뼈가 이와 같으니 이것은 무슨 징조입니까?"

석체가 물었다.

"내가 들어 보니 옛날 중국의 현명한 황제 복희는 호랑이 모습이었고, 여와의 몸은 뱀과 같았고, 신농은 쇠머리라 하고, 고요는 말과 같은 입을 가졌다 합니다. 이렇듯 훌륭한 사람들은 우리와 같은 사람이면서 그 생김새가 또한 보통 사람과 달랐다고 합니다. 그런데 지금 이 아이의 머리를 보면 검은 사마귀가 있습니다. 관상을 보는 법에 따르면, 얼굴에 검은 사마귀가 있으면 좋지 않으나, 머리에 검은 사마귀가 있으면 나쁘지 않다고 합니다. 이 아이는 자라서 반드시 훌륭한 인물이 될 것입니다."

현자가 말했다.

석체는 아기를 안고 집으로 돌아왔다.

"이 아이는 보통 아이가 아니라 합니다. 잘 키우도록 하시오. 장차 꼭 나라에 뛰어난 인물이 될 거요."

석체가 아이를 아내에게 넘겨주었다.

석체는 아이를 강수라고 이름 지어 주었다. 강수는 차차 자라나면서 스스로 글을 읽을 수 있게 되었다. 그리고 친구들과 의리로 사귀었다.

어느 날 석체는 강수의 뜻을 떠보기로 마음먹었다.

"너는 앞으로 불교를 배우겠느냐? 유학을 배우겠느냐?"

"제가 듣건대 불교를 인간 세상을 떠난 종교라 하오니, 저같이 어리석은 사람이 어찌 불교를 배우오리까? 유학을 배울까 하옵니다."

"그러면 네가 원하는 대로 해라."

강수가 그 당시 신라 사회에서 힘이 미약한 유학에 뜻을 둔 것은 진골 중심의 신라 사회에서 6두품 이하의 귀족으로 편입된 그의 집안의 분위기에 영향을 받은 것이었다.

강수는 드디어 스승에게 나아가 유학 공부를 본격적으로 시작했다. 그가 주로 읽은 책은 『효경』・『곡례』・『이아爾雅』・『문선』 같은 책이었다. 중국 사회의 기본 윤리를 말하고 있는 『효경』과 고대 의례인 『곡례』, 어휘의 어미를 해석한 오늘날의 사전과 같은 『이아』와 한문학 명작을 뽑아 엮은 『문선』 등을 통하여 얻은 그의 중국 문화에 대한 기초 지식은 탄탄했다.

강수는 학문이 뛰어나 당대의 걸출한 인물이 되었고, 벼슬길에 나아가 그 이름이 신라에 널리 퍼졌다. 그는 그 자신보다 신분이 낮은 부곡의 대장간 집 딸과 사랑을 나누고 있었다. 그가 20세가 되자, 부모가 그의 결혼을 서두르기 시작했다.

"성안에 사는 귀한 집 딸로서 얼굴도 예쁘고 행실이 단정한 아가씨가 있는데 네 배필을 삼았으면 한다."

아버지가 말했다.

"안 됩니다. 두 번 장가를 들 수는 없는 일이 아니겠습니까?"

강수가 말했다.

"뭐라고? 두 번 장가를 들어?"

어머니가 놀란 목소리로 물었다.

강수는 자신이 부곡의 대장간 집 딸과 사귀고 있다는 사실을 고백했다.

"말도 안 되는 소리하지 마라."

아버지가 손을 앞으로 내저었다.

"그건 안 된다."

어머니가 펄쩍 뛰었다.

"너는 지금 이름이 있어서 모르는 사람이 없는데, 보잘것없는 집안의 여자를 배필로 삼겠다니 심히 부끄러운 일이다."

강수는 일어나 두 번 절을 하였다.

"가난하고 천한 것은 부끄러운 일이 아니옵니다. 학문을 배우고서 그 학문을 실행하지 않는 것이 정말 부끄러운 일입니다. 제가 일찍 들은 바에 의하면 '가난하고 천할 때에 같이 고생하던 부인은 저버리지 않아야 되며, 가난할 때에 사귄 벗은 잊어서는 안 된다'고 하였습니다. 그러하오니 비록 천한 아내라도 차마 버리지 못하겠나이다."

강수의 말에 아버지는 고개를 끄덕였다. 그는 다시는 대장간 집 딸을 버리라고 말하지 않았다.

강수가 이렇게 신분이 낮은 여자를 그의 아내로 삼은 것은 신라의 전통적 윤리관과 골품제에 입각한 신분 제도에 비판적인 생각을 가지고 있었기 때문이었다.

3명의 왕을 모신 문장가 강수

태종무열왕이 왕위에 올랐을 때 당나라에서 사신이 찾아왔다. 그가 당나라 황제가 태종무열왕에게 보내는 글을 전하였다. 그 가운데 그 뜻을 헤아리기가 어려운 곳이 있었다. 신하들이 보아도 도무지 그 뜻이 무엇인지 알 수 없었다.

"누가 이 뜻을 풀이할 수 있을꼬?"

태종무열왕이 신하들을 내려다보며 말했다.

"강수라는 사람이 학문이 높다 하니 그에게 물어 보면 혹시 알지도 모르겠습니다."

누군가가 아뢰었다.

"그렇다면 강수를 들라 하라."

태종무열왕이 명령했다.

강수는 당나라 황제가 보낸 글을 한번 훑어보고는 서슴지 않고 그 의문되던 것을 해석하여 설명했다. 태종무열왕은 몹시 기뻤다.

"내가 왜 진작 그대를 만나지 못했던고? 그대의 이름은 무엇인고?"

"저는 본래 임나가라 사람으로 이름자를 두頭라 하옵니다."

강수가 머리를 조아렸다. 그의 집안은 •임나가라가 멸망한 뒤 신라 정부에 의해 국경 지방인 충주 지방으로 강제로 이사를 가 살게 된 임나가라 유민이었다.

"그대의 머리가 생긴 모양을 보니 강수 선생이라 칭할 만하구나."

_____

• 임나가라 : 지금의 경남 김해시에 있던 금관가야의 또 다른 이름

태종무열왕이 웃으며 말했다.

태종무열왕은 당나라 고종에게 보내는 답서를 강수에게 짓도록 했다.

그 글의 문체와 내용이 너무나 뛰어난 데다가 태종무열왕의 의사가 요령 있고 간결한 문장으로 잘 표현되어 있어 태종무열왕은 크게 기뻐했다. 그 후 태종무열왕은 그 이름을 부르지 않고 다만 임생(任生)이라고 불렀다. 그것은 강수가 임나가라 출신이었기 때문이었다.

강수는 재산을 모으려고 하지 않았다. 그의 집은 매우 가난하였다. 그러나 그는 마음 편안하게 지냈다. 태종무열왕은 그의 결백함과 맑음을 알고 그에게 해마다 백 석의 쌀을 내어 주도록 했다.

태종무열왕이 세상을 떠나자, 문무왕이 왕위에 올랐다.

"강수는 문장이 뛰어나서, 글로써 나의 뜻을 잘 나타내어 당나라에 전달한 까닭으로 서로 친하게 지낼 수 있게 되었다. 그리고 우리 선생께서 당나라에 군사를 청하여 고구려와 백제를 평정한 것은 비록 군사들의 공도 크지만 강수의 문장의 도움도 컸으니 어찌 강수의 공로를 소홀히 할 수 있겠는가?"

문무왕은 강수에게 사찬 벼슬을 주고 해마다 2백 석의 쌀을 더 내렸다. 신문왕 때 강수는 세상을 떠났다. 신문왕은 그의 죽음을 슬퍼하여 그의 벼슬에 따라서 장례를 후하게 치러 주었다.

이두를 정리하고 발전시킨 설총

설총의 할아버지는 나마 담날이었다. '나마'는 신라 17관등 중에서 11 등의 벼슬 자리였다. 아버지는 원효 대사였고, 어머니는 요석공주였다. 설총은 6두품 출신이었다. 그는 어렸을 적부터 총명하고 지혜가 있었다.

스님을 아버지로 둔 설총은 자신을 쏘아보는 사람들의 눈초리를 느끼며 자랐다.

"스님이 장가를 들어 아들을 낳다니……."

사람들이 숙덕거리는 소리를 뒤로 하고 설총은 집으로 돌아오곤 했다.

설총은 몹시 괴로웠으나, 책 읽기를 게을리 하지 않았다. 그는 중국의 유교와 한문학을 열심히 공부했다.

조금 더 알아보기   정말로 설총이 이두를 지었을까?

『삼국사기』에 보면 "우리말로 아홉 가지 중국 경서를 읽어 학생들을 가르쳤다." 라는 구절이 있다. 이와 비슷한 구절이 『삼국유사』에도 기록되어 있다. 이 두 책의 기록을 가지고 설총이 이두를 지었다고 주장하는 사람들이 고려 시대 말부터 생겨났으나, 그것은 틀린 주장이었다.

설총이 태어나기 전에 벌써 이두로 표기된 향가 작품들이 있었다. 진평왕 때의 「서동요」와 「혜성가」 그리고 선덕여왕 때의 「풍요」가 바로 그것이다. 이러한 사실로 미루어 볼 때, 설총은 이두를 만든 것이 아니라, 이두를 정리하고, 더 발전시킨 사람이라고 보아야 할 것이다.

이두란 삼국 시대의 지명이나 향가 등을 살펴보면 한자의 뜻과 음을 따서, 우리말을 기록한 것으로 삼국 시대에 널리 행하여졌다.

『삼국사기』에 "글을 잘했지만 세상에 전하는 것은 없다. 다만 지금 남쪽 지방에 혹 설총의 비명碑銘이라는 것이 있지만, 문자가 이지러져 떨어져 나가 가히 읽을 수 없어, 그것이 어떤 뜻인지 알지 못한다."라고 한 것으로 보아, 설총이 남긴 글이 김부식이 살던 고려 시대에도 거의 남아 있지 않았음을 알 수 있다. 매우 안타까운 일이 아닐 수 없다.

신문왕은 유교적 정치 이념에 입각한 인재의 교육과 양성을 목적으로 하는 국학國學을 설립하고, 박사와 조교를 두어 유학을 가르쳤다. 옛 역사책에 기록이 나타나지는 않으나, 설총도 아마 국학의 발전에 크게 기여했으리라 추측된다.

신문왕이 무더운 여름날 설총을 궁궐로 불렀다.

"오늘은 오랫동안 질척거리던 비도 개고 훈훈한 바람이 시원하게 불어오는구나. 맛있는 음식을 먹고 구성진 음악을 듣는 것도 좋긴 하겠지만, 오늘은 그대로부터 고상한 이야기나 재미있는 우스갯소리를 들어서 그 울적한 마음을 푸는 것이 좋을 것 같으오."

신문왕이 높직하고 밝은 방에서 설총을 돌아보고 말했다.

"네. 그렇게 하겠습니다. 제가 옛날 화왕모란꽃이 처음 올 때의 이야기를 들었습니다."

설총이「화왕계花王戒」를 들려주기 시작했다.

「화왕계」

화왕花王을 향기로운 정원에 심어놓고 푸른 장막으로 보호하고 가꾸었더니 봄이 되자 예쁜 꽃이 피어나, 온갖 꽃보다 유달리 아름다웠습니다. 이에 가까운 곳에 있는 고운 꽃이며 가녀린 예쁜 꽃들이 다투어 달려와서 화왕을 만나보고자 하였으나 그 뜻을 이루지 못했습니다. 이때 홀연히 한 아름다운 미인이 맵시 있는 걸음으로 사뿐히 다가왔다. 그녀는 발그레한 얼굴에, 옥 같은 이에, 깨끗한 옷으로 몸을 단장하고 있었다.

"저는 흰 눈 같은 고운 모래밭을 밟고 거울같이 맑은 바다를 보며, 봄비에 때를 씻고 상쾌한 맑은 바람을 맞으며 뜻대로 사는데, 이름은 장미라고 하옵니다. 지금 임금님의 어진 덕을 듣고 향기로운 장막에서 모실까 하여 왔사오니 기꺼이 모시도록 허락하여 주옵소서."

그녀가 화왕에게 아뢰었다.

그때 한 사내가 베옷을 입고, 가죽 허리띠를 두르고 찾아왔다. 그의 머리카락은 허옇게 세었고 손에는 지팡이를 들고 있었다. 그는 몸이 쇠약하여 허리가 새우등처럼 구부정하였다.

"저는 서울 교외의 큰길가에 살고 있습니다. 아래로는 넓고 시원한 들판을 바라보며 위로는 아스라한 산 빛을 바라보며 지내고 있사옵니다. 이름은 백두옹할미꽃이라고 하옵니다. 저는 온갖 물건을 풍족하게 드리겠사오며, 맛있는 음식으로 배를 부르게 하여 드리겠습니다. 또 차와 술로써 정신을 맑게 해 드리겠습니다. 좋은 약으로 원기를 돋아 드리겠나이다. 돌을 가지고 온갖 나쁜 것도 없애 드리겠나이다. 제 꼴이 이렇듯 흉측하

「화왕계」는 설총이 신문왕에게 들려준 교훈적인 이야기이다.

지만 버리지 말고 곁에 두어 주시옵소서.”

　그가 아뢰었다.

　“두 사람이 왔는데 누구를 취하고 누구를 버리겠습니까?”

　화왕의 곁에 있던 신하가 물었다.

　“사나이의 말이 옳은 것 같으나, 아름다운 사람을 얻기도 어려우니, 장

차 어찌하면 좋을까?”

　화왕이 망설였다.

"저는 임금님께서 덕이 있고 사리를 잘 아시는 줄 알고 왔사온데 지금 뵈오니 그렇지 못합니다. 무릇 임금님의 자리에 계신 분은 간사하고 아첨하는 사람을 멀리 하고 올바르고 곧은 사람을 가까이 하지 않는 분이 많습니다. 그래서 맹자는 불우하게 일생을 마쳤고, 풍당랑馮唐郎도 숨어 센 머리로 늙었는데 예로부터 이와 같으니 전들 어찌하겠습니까?"

사내가 앞으로 나와서 말했다. '풍당랑'은 중국 한 나라 때 사람으로 문제 때 국방 대책을 건의했으나 받아들여지지 않고, 무제 때에야 높은 벼슬이 주어졌는데 이미 그의 나이 90이 되어 있었다.
"내가 잘못했다. 내가 잘못했다."
화왕이 말했다.

설총의 이야기를 듣고 난 신문왕은 얼굴빛이 굳어졌다. 그는 설총의 마음을 환히 알 수가 있었다.

조금 더 알아보기

의인 문학의 새 영역을 개척한 「화왕계」

모란꽃 등 식물에 인격을 부여하여 인간 세계를 빗대어 놓은 「화왕계花王戒」는 문학적 표현 방식의 새로운 영역을 개척한 단편 산문으로, 고려 시대 가전체 문학과 조선 시대 「화사花史」와 같은 작품으로 그 맥락이 이어진다.

"내가 듣고 보니 그대의 이야기 속에는 진실로 깊은 뜻이 있다. 글로 써서 임금된 자의 경계로 삼도록 하오."

신문왕은 설총에게 높은 벼슬을 주었다.

『삼국사기』에는 설총의 아들인 설판관이 신라의 사신으로 일본에 건너갔을 때 진인이라고 하는 사람이 그를 만난 이야기가 나온다.

"일찍이 원효 거사가 지은 『금강삼매경론』을 읽고서 이렇게 훌륭한 사람을 만나 보지 못한 것을 깊이 한탄했는데, 신라국 사신이 원효 거사의 손자라고 들으니 거사를 만난 듯이 기뻤소. 그 기쁨을 이 시로 표현했소."

그러면서 감격적인 시를 신라에 보내 왔다는 이야기를 덧붙여 놓았다.

설총에 관한 기록이 거의 남아 있지 않지만 그가 신라 유학의 선구자임은 틀림없는 사실이다.

불국사를 중창한 김대성

금성 모량리에 경조라는 이름의 부인이 사내아이와 함께 가난하게 살고 있었다. 그 아이는 머리가 크고 이마가 넓어 마치 성城처럼 생겼다. 그래서 그녀는 아이의 이름을 큰 성이라는 뜻으로 대성大城이라고 지었다.

집안 살림살이가 너무 쪼들려 대성을 기르기 힘들었으므로 그 어머니가 부자로 소문난 복안의 집에 가서 품팔이를 하였다. 그 집에서 밭 몇 마지기를 주어 생활을 어렵게 꾸려 나갔다.

259

덕망이 있는 스님 점개가 시주를 얻기 위해서 복안의 집을 찾아왔다. 그는 흥륜사에서 육륜회를 올리기 위하여 여러 곳을 찾아다니는 중이었다. '육륜회'란 큰 재齋로, 명복을 비는 불공을 말한다.

"흥륜사에서 큰 재를 올리는데, 시주를 얻기 위해서 오늘 이렇게 어른을 찾아뵙게 된 것입니다."

점개가 입을 열었다.

"우리 모두가 부처님 은덕으로 살고 있으니 어찌 시주를 하지 않으리까."

복안은 말을 끝낸 뒤, 하인에게 베 50필을 가져오도록 했다.

점개는 복안에게 인사를 하고 물러나와 큰 대문간에서 발을 멈추었다.

"시주를 잘 하시니 부처님이 항상 보호하시어 하나를 시주하면 만 배를 얻어 집안이 평안하고 오래오래 살 것입니다."

복안이 축원을 하였다.

마침 복안의 집에 품팔이를 왔던 대성이 이 광경을 보게 되었다. 이 소리를 듣자 그는 마음이 크게 움직였다. 그는 부리나케 집으로 달려갔다.

"내가 문간에서 스님이 축원하는 소리를 들으니 하나를 시주하면 만 배를 얻는다고 합니다. 제가 가만히 생각해 보니 우리가 이렇게 가난하기만 한 것도 전생에 착한 일을 하지 않았기 때문에 지금 이렇게 가난한 것입니다. 그런데 지금 또 시주를 않다가는 오는 세상에서 더욱 가난할 것이니 우리가 품팔이해서 얻은 밭을 법회에 시주하여 뒷날 보답을 받는 것이

어떨까요?"

대성은 어머니에게 말했다.

"네 말대로 하자. 얼마 크지 않은 밭뙈기지만 부처님께 시주하도록 하
자."

뜻밖에도 어머니는 땅을 선뜻 내주자고 했다.

그 후 얼마 안 되어 대성이 죽었다. 그 날 밤 재상 김문량의 집에 이상한
일이 벌어졌다.

김문량이 저녁을 먹고 식구들과 이야기를 나누고 있는데 난데없이 하
늘로부터 외치는 소리가 들려왔다.

"모량리 대성이란 아이가 이제 너의 집에서 태어날 것이다."

김문량과 집안사람들은 깜짝 놀랐다.

"이상한 일이로다. 모량리 대성이란 아이가 우리 집에서 태어난다
고…?"

김문량은 고개를 갸웃거리며 깊은 생각에 잠겼다.

"모량리에 가서 대성이란 아이가 있는지 알아보면 궁금증이 풀릴 게 아
닙니까?"

김문량의 아내가 말했다.

김문량은 하인을 모량리에 보내어 대성이란 아이에 대하여 알아보도록
했다.

어둠이 마당에 무겁게 내려앉을 무렵 모량리에 갔던 하인이 돌아왔다.

"모량리에 대성이란 아이가 살고 있었는데 조금 전에 죽었다고 합니다."

하인이 굳은 얼굴로 말했다.

"하늘에서 이상한 소리가 있던 그 시각에 죽었단 말이지……."

김문량이 신음처럼 중얼거렸다.

이상하게도 하늘로부터 외치는 소리가 들려왔던 그날부터 김문량의 아내는 아이를 배게 되었다. 그 뒤 달이 차서 아이를 낳았다. 아이가 왼손을 꼭 쥐고 펴지를 않다가 7일 만에 스스로 손을 폈다.

그런데 손바닥 안에 '대성大城'이란 두 글자를 뚜렷이 새긴, 금으로 된 간자簡子가 놓여 있었다. '간자'란 글씨를 쓴 패이다.

"참으로 신기한 일도 다 있네요."

김문량의 아내가 놀란 목소리로 말했다.

"하늘로부터 들려온 소리와 딱 맞아떨어지다니…. 아이의 이름을 그대로 짓도록 합시다."

김문량은 아이의 이름을 김대성이라고 지었다.

김문량은 하인들을 시켜 대성의 전생의 어머니 경조를 자기 집으로 데리고 오도록 해 함께 봉양했다. 대성은 늙은 부모의 지극한 사랑을 받고 무럭무럭 자라났다. 그의 부모가 그에게 거는 기대도 컸다.

장성한 대성은 사냥을 좋아하였다. 어느 날 그는 토함산으로 올라가 화살을 쏘아 곰 한 마리를 잡았다. 그가 산 밑 마을에서 잠을 자는데, 꿈에 곰이 나타났다.

"네가 나를 죽였으므로 나도 너를 잡아먹을 것이다."

곰이 귀신으로 변하여 말했다.

"잘못했습니다. 용서해 주십시오."

대성이 겁에 질려 무릎을 꿇고 빌었다.

"네가 나를 위하여 절을 지어 주겠는가?"

귀신이 말했다.

"예, 그렇게 하겠습니다."

대성이 떨리는 목소리로 대답했다.

"꼭 그 약속을 지켜야 한다."

귀신이 대성의 어깨를 툭툭 두드리고는 사라졌다.

대성은 꿈에서 깨어나 자리에서 일어났다. 온몸이 땀으로 흠뻑 젖어 있었다. 그 후 대성은 일체 사냥을 금지하고, 곰을 위하여 사냥하던 자리에 장수사라는 절을 세웠다.

지금의 국무총리인 중시 자리에서 물러난 김대성은 불국사를 큰 절로 만드는 일과 석불사를 짓는 일을 시작했다. 나이 51세 때의 일이었다.

『삼국유사』에 의하면 김대성은 이생의 부모를 위하여 불국사를 세우고 전생의 부모를 위하여 석불사를 세워서는 신림, 표훈 두 스님으로 하여금 각각 살게 하였다고 한다. 그러나 「불국사고금창기」에 의하면 이차돈이 순교한 그 이듬해인 528년에 법흥왕의 어머니인 영제부인과 기윤부인이 불국사를 창건하고 비구니가 되었다고 한다. 그리고 현재 대웅전에 봉안되어 있는 불상의 복장기에서 이 불상들이 681년 4월 8일에 낙성되었다고 기록되어 있는 것으로 보아 당시 불국사가 작은 규모이긴 하나 이미 있었음을 알 수 있다. 이러한 점을 미루어 볼 때 김대성은 불국사를 창건한 사람이 아니라, 큰 절로 만든 사람이라고 보는 것이 타당하겠다.

아무튼 불국사는 김대성의 지휘 아래 751년에 대대적으로 중창 공사를 시작하였다. 그러나 774년 김대성은 불국사의 공사를 끝마치지 못하고 죽어, 그 뒤 나라에서 공사를 완성시켰다.

『계원필경집』의 지은이 최치원

경문왕 8년868년 최치원은 12세의 어린 나이로 당나라로 유학을 떠나게 되었다.

"10년 안에 과거를 합격하지 못하면 너는 내 아들이 아니다."

아버지 최견일이 말했다.

"알겠습니다. 열심히 공부하여 꼭 과거에 합격하겠습니다."

최치원은 굳게 맹세하였다.

당나라에 건너간 최치원은 좋은 스승을 만나 열심히 공부하였다. 당나라에 유학한 지 7년 만인 874년, 최치원은 18세의 나이로 당나라 예부시

• 불국사

김대성의 지휘 아래 불국사는 큰 절이 되었다.

랑 배찬裴瓚이 주관한 •빈공과에 합격하였다. 그리고 2년을 낙양洛陽을 떠 돌아다니면서 시를 열심히 썼다.

　그 뒤 최치원은 당나라 선주宣州 •표수현위漂水縣尉가 되었다.

　최치원은 나이는 어렸으나 백성을 잘 다스렸다. 그는 백성을 다스리는 틈틈이 시를 열심히 썼다. 이 때 쓴 시를 추려 모은 것이 『중산복궤집中山 覆櫃集』 1부 5권이었다. 중산은 그곳의 땅 이름이고, 복궤는 산이 쌓아 올릴 때 한 삼태기만 모자라도 안 된다는 옛글의 뜻에서 학문의 완성을 뜻하는 말이었다.

「석문시」 – 두 여인의 넋을 위로한 시

　어느 날이었다. 최치원은 표수현의 남쪽 110여 리 쯤에 떨어져 있는 초 현관에 놀러갔다가 쉬게 되었다. 초현관 앞에 옛무덤이 있었다. 무덤 앞 에는 석문石門이 있고, 그 석문에는 '쌍녀분'이란 세 글자가 현판과 같이 가 로로 새겨져 있었다. 잡풀만이 무성한 게 아무도 무덤을 돌보아 주는 사 람이 없는 모양이었다.

　"저 무덤은 돌보아 주는 사람이 없는 모양이지요?"

　최치원이 마을 노인에게 물었다.

　"우리 마을에선 저 무덤을 쌍녀분두 여자의 무덤이라고 부릅니다. 제가 팔

　• 빈공과賓貢科 : 당나라에서 다른 나라 사람을 위해 실시한 과거
　• 표수현 : 지금의 중국 강소성에 있는 표양현

십 평생을 이 마을에서 살았는데, 저 무덤을 찾아 주는 사람을 본 적이 없답니다."

마을 노인이 무표정한 얼굴로 대답했다.

최치원은 문득 무덤 속에 누워 있는 두 여인이 얼마나 외로울까 하는 생각이 들었다. 그는 천천히 무덤 앞으로 다가가 시를 한 수 읊었다.

수가이녀차유분	誰家二女此遺墳
적적천경기원춘	寂寂泉扃幾怨春
형영공유계반월	形影空留溪畔月
성명난문총두진	姓名難問塚頭塵
방정당허통유몽	芳情儻許通幽夢
영야하방위여인	永夜何妨慰旅人
고관약봉운우회	孤館若逢雲雨會
여군계부낙천신	與君繼賦洛川神

어느 집 두 처녀 무덤인가

쓸쓸한 저승에서 봄을 원망하기 몇 해던고.

아름다운 그 모습 시냇물에 비치는 달빛 속에 남아 있지만

이름이 무어냐고 무덤가에 쌓인 먼지에게 묻기조차 어렵구나.

꽃다운 그대들을 그윽한 꿈속에서라도 만날 수 있다면

기나긴 밤 나그네를 위로한들 어떠하리오.

267

행여 이 외딴 초현관에서 즐거움을 누릴 수만 있다면

당신들과 함께 낙신부를 이어 부르리라.

최치원은 이 시를 「석문시石門詩」라 이름지었다. 그는 「석문시」로 두 여인의 혼백을 위로해 주고 초현관으로 돌아왔다.

달이 밝고 바람이 좋았다. 최치원은 잠자리에 들었다. 그러나 좀처럼 잠을 이룰 수 없었다. 엎치락뒤치락 하다가 그가 어렴풋이 잠이 들었을 때였다.

방문 같은 것이 열리는 소리에 그는 눈을 떴다. 창틈으로 흘러 들어온 달빛이 여인의 몸을 타고 비스듬히 흘러내렸다.

"누군데, 한밤중에 남이 자는 방에 함부로 들어오시오?"

최치원은 벌떡 일어났다.

그녀는 손에 붉은 주머니를 들고 있었다.

"팔낭자八娘子와 구낭자九娘子가 보답하는 뜻으로 전해 주라고 해서 가져 왔습니다."

그녀가 붉은 주머니를 최치원에게 건네주었다.

"팔낭자, 구낭자라니? 도대체 그들이 누군가?"

최치원이 재차 물었다.

• 낙신부洛神賦 : 중국 삼국시대 위魏나라의 조식曹植이 자신의 땅으로 돌아가는 도중에
　　　　　　 낙수洛水를 지나가면서 낙신洛神의 이야기를 듣고 쓴 산문부散文賦

"아침에 그대가 시를 읊은 곳이 바로 두 낭자가 사는 곳입니다."

그녀가 웃으며 대답했다.

최치원은 등불을 밝히고 붉은 주머니를 살펴보았다. 거기에는 이런 글이 쓰여 있었다.

"이름을 아뢰지 않음을 괴이하게 여기지 마세요. 외로운 넋이 속인을 두려워하지만 잠깐 만나서 이 심사를 서로 이야기 할 수 있게 허락해 주소서."

"이름이 무엇인고?"

글을 다 읽고 난 최치원은 심부름을 온 여자에게 이름을 물었다.

"취금이라고 하옵니다."

최치원은 답시答詩를 써서 그녀에게 주었다.

취금이 답시를 가지고 사라지자, 잠시 후 문득 향내가 나며 두 여자가 손에 연꽃을 들고 방으로 들어왔다.

최치원은 자신이 지금 꿈을 꾸고 있는 게 아닌가 생각했다. 두 여자가 그에게 절을 했다. 그도 얼결에 같이 절을 했다.

"그대들은 어디에 살며, 이름은 무엇입니까?"

최치원이 물었다.

"저희는 이곳 표수현 초성에 사는 장씨 집의 딸들입니다. 어려서부터 인물도 예쁘고, 글재주도 있어 좋은 남자한테 시집을 가서 행복하게 살

269

것이라고 생각했습니다. 그런데 저희 부모는 재물에 눈이 어두워 언니가 18세, 아우가 16세 때 각각 소금 장수와 차 장수에게 시집을 보냈답니다. 저희들은 이 결혼이 불만스러워 우울하게 지내다가 일찍 세상을 버렸습니다. 누구 하나 알아주는 사람 없이 쓸쓸히 무덤 속에 누워 있었는데, 이제 젊은 선비님께서 저희들의 외로움을 알고 시를 지어 위로해 주니 답례를 하고자 이렇게 실례를 무릅쓰고 찾아 온 것입니다."

"그런 사연이 있었구려."

은니 같은 달빛이 창문에 줄기차게 달라붙었다. 세 사람은 서로 술을 권하며 달과 바람을 시의 소재로 삼아 시를 지어 주고받았다. 술이 여러 번 돌았다. 밤이 이슥해졌다.

"좋은 짝을 만났으니, 우리 인연을 맺어 봄이 어떻겠소?"

최치원이 두 여인을 그윽하게 바라보았다.

두 여인은 대답 대신 고개를 가볍게 끄덕이고는 일어나 이부자리를 폈다. 세 사람은 한 이불 아래에서 밤을 함께 지새웠다.

새벽닭이 여기저기서 울어 대자, 두 여인은 슬그머니 일어났다.

"덕분에 천년의 한을 풀었습니다."

"뒷날 다시 이곳에 오게 되면 거친 무덤을 보살펴 주시면 감사하겠습니다."

두 여인은 이별을 아쉬워했다.

"고맙소. 인연이 있으면 또 만날 수 있으리라."

최치원은 눈물을 흘리며 두 여인을 작별했다.

두 여인이 어디론가 사라졌다.

최치원은 벌떡 일어나 두 여인이 사라져 간 문을 바라보았다. 아무런 흔적도 없었다.

'꿈이었구나……. 별 희한한 꿈이 다 있구나!'

최치원은 혼잣소리로 중얼거리며 문을 밀치고 밖으로 나왔다.

석문 뒤로 잡풀이 무성한 무덤이 어제와 똑같은 모습으로 누워 있었다.

「격황소서」 – 반란을 일으킨 황소에게 보내는 글

최치원은 표수현위를 그만두고 회남 땅에 잠깐 머무르고 있었다. 곧 회남절도사 고변의 추천으로 관역순관이라는 벼슬자리에 오르게 되었다. 그때 마침 황소黃巢가 반란을 일으켜 당나라가 몹시 어지러워졌다. 당나라 조정에서는 고변을 제도행영병마도통으로 삼아 황소를 치게 하였다. 최치원은 고변의 종사관이 되어 서기의 책임을 맡게 되었다. 그의 나이 스물네 살 때의 일이었다.

격문檄文을 쓰기 위해 최치원은 붓을 가다듬었다. '격문'은 특별한 경우에 군사들을 모집하거나, 세상 사람들의 흥분을 일으키거나, 또는 적의 군사들에게 알아듣게 말하거나, 혹은 꾸짖기 위하여 발송하는 글을 말하는 것이다.

"…… 천하의 모든 사람들이 다 너를 죽이려고 생각할 뿐만 아니라, 문득 또한 땅 속의 귀신도 벌써 남몰래 베기로 의결하였다."

황소는 이 격문을 읽어 내려가다가 이 대목에 이르러 너무 놀라 자신도 모르게 잠자리에 들었던 침상에서 떨어졌다. 「격황소서橄黃巢書」는 웅장하고 위엄이 있어 황소로 하여금 가슴 밑을 서늘하게 하였던 것이다.

황소의 반란군을 토벌한 뒤 고변高駢은 희종에게 보고를 하였다.
"황소를 토벌한 것은 칼의 힘이 아니라, 최치원이 쓴 「격황소서」의 힘이로구나!"
희종은 최치원을 칭찬하였다.

최치원은 「격황소서」로 이름이 높아졌다. 그리고 그는 희종으로부터 자금어대紫金漁袋까지 받았다. '자금어대'란 붉은 금빛으로 장식한, 고기의 그림을 그린 주머니인데, 그 속에 이름을 적어 넣은 신표가 들어 있어 그것을 차고 황제가 있는 대궐로 드나들 수 있게 한 것이었다.

당나라에서의 일을 엮은 『계원필경집』

최치원이 고변의 밑에서 종사관으로 일한지도 어느덧 4년이 지나갔다. 그는 신라의 높은 하늘이 그리워졌다. 그는 신라로 돌아가야겠다고 마음먹고 그의 뜻을 담은 글을 희종에게 올렸다.

희종은 그가 신라로 돌아가는 것을 허락했다. 한편 고변은 2백 관의 돈과 그밖에 여러 가지 길 채비를 두터이 갖추어 주었다. 최치원과 가까이 지내던 당나라 문인들은 그와의 이별을 몹시 아쉬워했다.

"이제 가면 살아서 다시 만나기는 어려울 것 같네."

고운顧雲이 손등으로 눈물을 닦으며 시를 써 내려갔다. 그는 최치원과 몹시 가까운 시인이었다.

십이승주도해래	十二乘舟渡海來
문장감동중화국	文章感動中華國
십팔횡행전사원	十八橫行戰詞苑
일전사파금문책	一箭射破金門策

열두 살에 배를 타고 바다를 건너와

글로써 중국 천지를 흔들었네

열여덟에 문단을 휩쓸더니만

단번에 급제했네 문과 장원에

최치원은 이렇게 답했다.

무협중봉지세	巫峽重峰之歲
사입중화	絲入中華
은하열숙지년	銀河列宿之年
금환고국	錦還故國

• 『계원필경집』

　최치원이 당나라에서의 일을 엮어 썼다.

열두 살의 철모르는 나이에
실낱처럼 중국에 들어왔다가
은하인 양 찬란한 젊은 나이에
금의환향 신라로 돌아가려오.

　최치원은 회남 땅을 떠나 신라로 향하는 배를 탔다. 그가 신라에 도착한
것은 29세 되던 해 봄이었다. 헌강왕은 그에게 시독 겸 한림학사 수병부
시랑 지서서감사侍讀兼 翰林學士 守兵部侍郎 知瑞書監事라는 벼슬을 내렸다.
　최치원은 그가 당나라에서 고변의 종사관으로 일할 때 지었던 여러 가
지의 글들을 정리해 20권의 책으로 엮었다. 그것이 『계원필경집』이었다.

어지러운 정치를 바로 잡으려 시무책을 올리다

그런데 그 무렵 신라 사회는 이미 붕괴를 눈앞에 두고 있었다. 무엇보다도 지방에서 호족들이 세력을 키워나가고 있었다. 중앙 정부는 주와 군의 세금도 제대로 거두지 못하여 나라의 창고가 텅텅 비고, 나라 살림이 말이 아닌 실정이었다.

최치원이 돌아온 다음 해에 헌강왕이 죽고, 정강왕이 왕위에 올랐다. 그러나 다음 해에 정강왕마저 죽고 진성여왕이 왕위에 올랐다. 진성여왕은 텅텅 빈 나라의 창고를 채우기 위하여 주와 군에 세금을 납부하도록 독촉했다. 그러나 이러한 세금의 독촉은 결국 농민들에게 이중적인 부담을 주는 결과를 가져왔다. 농민들은 자기가 속하여 있는 성주만이 아니라, 중앙 정부에도 조세를 납부해야 했기 때문이었다. 그러자 농민들이 사방에서 들고일어났다. 반란의 첫 횃불을 든 것은 사벌주 지방의 원종과 애노였다. 이들 반란 세력은 상당히 강한 것이었다. 정부군은 그들의 기세에 눌려 감히 싸울 생각조차 하지 못하였다고 한다.

최치원은 당나라에서 배운 지식을 가지고 그의 포부를 펴 보려고 하였으나, 진골 귀족 중심의 독점적인 신분 체제의 한계와 나라 정치의 어지러움을 깨닫고 수도 금성을 떠나기로 마음먹었다. 그는 시골로 내려가 여러 고을의 태수_{군수}가 되어 백성을 위해 성실하게 일했다.

• 사벌주 : 지금의 경북 상주

최치원은 시무책時務策 10여 가지를 진성여왕에게 올려, 어지러운 정치를 바로잡으려고 노력했다. '시무책'이란 나라를 다스리는 데 있어서 시급한 일에 대한 계책이라는 뜻이다. 10여 년 동안 중앙과 지방에서 벼슬살이를 하면서, 중앙 진골 귀족의 부패와 지방 세력의 반란과 같은 사회적 모순을 직접 두 눈으로 본 그는 구체적인 개혁안을 내놓게 된 것이었다.

진성여왕은 최치원이 올린 시무책을 받아들이고, 그에게 아찬이라는 벼슬을 내렸다. '아찬'은 최치원이 속한 6두품이 오를 수 있는 최고의 벼슬자리였다. 그러나 그 개혁안은 진골 귀족들이 받아들이지 않아 시행되지 못했다.

최치원은 결국 벼슬을 내놓고 금성 남산과 *강주 빙산, *합주 청량사, 지리산 쌍계사, *합포현의 별서, 동래 해운대 등지를 두루 돌아다녔다.

승호막도청산호	僧乎莫道靑山好
산호여하부출산	山好如何復出山
시간타일오종적	試看他日吾踪迹
일입청산갱불환	一入靑山更不還

• 강주 : 지금의 경북 의성군
• 합주 : 지금의 경남 합천군
• 합포현 : 지금의 창원시

스님이여, 청산이 좋다는 말을 하지 마오
산이 좋다면 왜 다시 나오곤 하는가
저 훗날 날 두고 보시오
산에 한 번 들면 다신 나오지 않으리라.

기울어져 가는 신라를 안타깝게 바라보고만 있어야 하는 최치원은 그
슬픔을 시로 달랬다.

그는 가족들을 이끌고 가야산으로 들어갔다. 해인사에 머물면서 그는
정현 법사와 도道를 이야기하며 세월을 보냈다.

어느 날 최치원은 아침 일찍 밖으로 나갔다. 그 뒤로는 그의 간 곳을 알
수 없었다. 다만 그가 쓰던 갓과 신발이 숲속에 버려져 있었다.
사람들은 아마 신선이 되어 간 것일 거라고 말했다.
최치원은 많은 양의 책을 남겼지만 특히 『계원필경집』이 뛰어나다. 「난
랑비서鸞郎碑序」는 최치원이 유교와 불교의 조화에 노력하였다는 것을 보
여 주는 글이다.

〈술술 훑어보기〉 통일신라의 학문과 예술

인물	사상과 업적
강수	대문장가
설총	이두 발전, 「화왕계」
김대성	불국사 중창
최치원	「석문시」, 「격황소서」, 『계원필경집』 시무책

 **조금 더 알아보기**   최치원이 고려 왕건에게 보낸 편지

『삼국사기』 열전에 의하면 최치원이 고려 왕건에게 편지를 보냈다는 이야기가
있다.

"……계림은 시들어가는 누런 잎이고,

개경의 고니재鵠嶺는 푸른 솔이로다…."

그 편지 가운데의 한 구절이다. 최치원은 신라가 망하고 고려가 새로 일어날 것
을 미리 내다보고 있었다.

최치원이 왕건에게 편지를 보낸 것이 사실인지 아닌지는 확인할 수 없으나, 그
가 송악 지방에서 나날이 세력을 키워 가고 있는 왕건에게 주목을 하고 있었던
것은 사실인 것 같다.

• 청량사

최치원이 벼슬을 그만두고 머물렀던 청량사.

• 해인사 대적광전

통일 신라의 사상과 예술 한눈에 요약하기

불교와 풍수지리 사상	
원측	불교 유식학
의상	화엄종 : 화엄 사상 전파 부석사
원효	법성종 -『법화경』: 삼국 통일의 정신적 기반을 제공
진표	법상종 길상사
혜초	『왕오천축국전』
범일	구산 선문 사굴산파
도선	풍수지리 사상을 이론화
학문과 예술	
강수	대문장가. 임나가라 출신
설총	이두 발전,「화왕계」
김대성	불국사 중창
최치원	「격황소서」「계원필경집」

3부

신라의 쇠퇴와
후삼국 시대의 전개

1장 후백제와 태봉국의 건국과 멸망

• 견훤산성에서 바라본 상주 화북면 일대

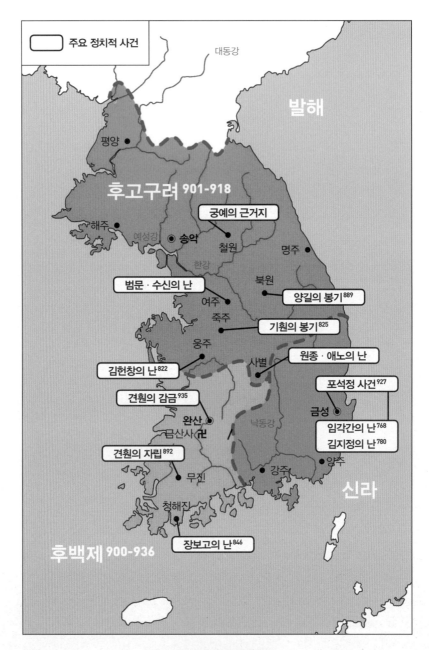

주요 정치적 사건

대동강

발해

후고구려 901-918

평양

해주
예성강
송악
철원
명주

궁예의 근거지

한강

범문 · 수신의 난

여주
죽주
북원

양길의 봉기 889

기훤의 봉기 825

웅주

사벌

원종 · 애노의 난

김헌창의 난 822

견훤의 감금 935

포석정 사건 927

완산
금산사
금성

임각간의 난 768
김지정의 난 780

견훤의 자립 892

무진

강주

양주

신라

청해진

후백제 900-936

장보고의 난 846

9세기 말 후삼국의 분열

1. 견훤과 후백제의 흥망

견훤이 후백제를 세우고 완산주에 수도를 정하다

신라 *사벌주의 *가은현에 아자개라는 사람이 살고 있었다. 그의 조상들은 일찍부터 가은현에 자리를 잡고 땅을 개간하고 소와 돼지 같은 것을 길러 재산을 많이 모았다. 그가 태어났을 때 그의 집안은 주변에 영향력을 행사할 만한 재산을 쌓아 놓고 있었다. 가은현의 이름난 호족豪族 아자개의 맏아들로 태어난 견훤은 동생으로 능애·용개·보개·소개와 누이로 대주도금이 있었다.

견훤은 자랄수록 몸집이 남달리 크고 건장하며 생각하는 바가 뛰어나서 여느 아이들과는 달랐다. 그 무렵 아자개는 세력을 키워 스스로 장군이라 하였다. 아자개는 아들 견훤을 수도 금성으로 보냈다. 견훤의 나이

• 사벌주 : 지금의 경북 상주시
• 가은현 : 지금의 경북 문경시

287

20세 전후 무렵이었다. 아자개가 아들을 수도 금성으로 보내 중앙군이 되게 한 것은 신라 중앙 정부와 연결을 꾀함과 동시에 사벌주 백성들에게 자신의 권위를 보여 줄 필요가 있었기 때문이었다.

견훤이 26세가 되던 해, 그는 신라 서남쪽 바다를 지키라는 명령을 받고 떠났다. 그는 창을 베고 누워 해적들을 기다릴 만큼 기개가 높았다. 군사들과 언제나 행동을 같이 하여 신임을 얻었다. 그곳에서 이룬 공로로 비장裨將 자리에 올라 몇백 명의 군사를 거느리게 되었다.

신라 왕실의 권위는 땅에 떨어졌고, 지방은 호족들에 의하여 점거당해 반독립적인 세력을 이루고 있었다. 게다가 기근이 덮쳐 백성들은 떠돌고 도적 떼들이 일어났다.

"진성여왕이 왕위에 오른 이후로 왕의 총애를 받는 몇몇 신하들이 나라의 정치를 쥐고 흔들고 있어 나라 정치는 극도로 어지러워져 있소. 이것을 바로 잡을 사람은 오직 우리뿐이오."

견훤은 드디어 반역을 할 뜻을 품었다.

"옳소, 우리가 나라를 바로잡아야 합니다."

여기저기서 고함 소리가 터져 나왔다.

견훤은 무리들을 불러 모아 금성 서남쪽에 있는 고을들을 공격하였다. 그가 이르는 곳마다 백성들이 호응하여 한 달 사이에 그 무리가 5천 명이나 되었다. 마침내 그는 무진주를 치고 왕으로 자처하였으나 아직 드러내 놓고 왕이라 부르지 못했다. 그는 스스로 '신라 서남도통행 전주자사 겸 어사 중승상주국 한남국 개국공新羅西南都統行全州刺史兼御史中丞上柱國漢南國開國公'이라 했다.

이 무렵 북쪽에서는 북원의 도적 양길이 매우 강성하였다. 궁예가 스스로 그를 찾아가 그의 부하가 되었다. 이 이야기를 들은 견훤은 양길에게 비장 벼슬을 내렸다.

견훤이 서쪽으로 나아가 완산주에 이르렀다. 고을 백성들이 길거리로 나와 견훤 일행을 환영하였다.

"백제가 나라를 연 지 6백여 년 만에 당나라 고종이 신라의 요청을 받아들여 장군 소정방을 보내어 수군 13만이 바다를 건너오게 되고, 한편으론 신라의 김유신은 군사를 몰아 황산을 지나 당나라 군사와 연합하여 백제를 쳐서 이를 멸망시켰다. 내가 이제 기어코 도읍을 세워 오랜 분원을 씻을까 한다."

견훤은 인심을 얻은 것이 기뻐서 부하들에게 말했다.

900년, 드디어 견훤은 스스로 후백제왕이라 하였다. 그리고 완산주를 수도로 정했다. 관청을 설치하고 벼슬자리를 정비하였다.

• 무진주 : 지금의 광주광역시
• 북원 : 지금의 강원도 원주시
• 완산주 : 지금의 전북 전주시

고려 왕건과 후백제 견훤의 세력 다툼

왕건이 나주를 정벌하자, 견훤은 화가 나서 군사 3천 명을 거느리고 나아가 왕건의 군사들을 포위하여 공격하였다. 그러나 왕건의 군사들이 워낙 완강하게 저항했다. 견훤은 이기지 못하고 물러났다.

왕건이 궁예를 몰아내고, 고려를 세우고 왕위에 올랐다. 이후 후백제와 고려는 잦은 세력다툼을 하게 되었다. 견훤은 눈을 외교 방면으로 돌렸다. 이미 중국 오월吳越에 사신을 보낸 적이 있는 그는 왕건이 왕위에 올랐다는 소식을 듣고, 좋은 말과 함께 사신을 다시 오월에 보냈다. 그리고 925년에는 후당後唐에 사신을 파견하였다. 후당의 장종은 그에게 '백제왕'이라는 칭호를 주었다. 말하자면 후당으로부터 국제적인 승인을 받은 셈이었다.

발해를 멸망시킨 거란의 사신이 후백제에 들어오자 그는 이들이 귀국하는 편에 장군 최견을 보냈다. 그들은 바다를 건너 북쪽으로 가다가 태풍을 만나 후당의 등주에 이르렀으나 모두 잡혀 죽었다. 그는 거란을 고려 배후의 위협 세력의 하나로 만들려고 했던 것이다. 그뿐만이 아니었다. 그는 일본에도 두 차례 사신을 보내, 일본과도 외교 관계를 맺고자 애를 썼다.

이와 같이 견훤이 국제 관계에 많은 관심을 가졌던 것은 그가 일찍부터 서남해안의 비장으로 있으면서 얻은 경험했던 것과 관련이 있다. 그는 서남해안이 장보고가 청해진을 설치하고 중국 · 일본과 크게 무역을 하던 곳이었으며, 당시에도 지방 호족들이 중국과 무역을 활발하게 하고 있다는 것을 알았다. 그는 고려와 신라를 견제하기 위해 중국이나 일본과 외교 관계를 두터이 해야 한다는 생각을 갖고 있었다.

견훤이 1만 명의 군사를 이끌고 신라의 ˙대야성을 무너뜨리고 ˙진례성으로 쳐들어가자, 다급해진 신라 경명왕은 김율을 고려에 파견하여 도움을 요청했다. 신라가 껍데기뿐이라는 것을 알게 된 왕건과 견훤은 서로 신라를 차지할 꿍꿍이를 했다.

견훤과 왕건의 싸움이 점점 치열해져갔다. 그러나 두 사람은 겉으로는 서로 친하려고 하였다. 그러나 그들은 야심이 많은 사람들이었다. 견훤의 아들 수미강이 군사들을 이끌고 가 ˙조물성을 포위하였다.

"위급합니다. 후백제 군사들이 성을 포위하고 있습니다."

조물성에 달려온 군사가 숨을 가쁘게 몰아쉬었다.

"신라는 우리가 힘들이지 않고 합칠 수 있을 것이다. 문제는 후백제다. 이번 기회에 견훤의 콧대를 꺾어 놔야겠다."

왕건은 갑옷을 입고 말에 올랐다.

왕건이 많은 군사들을 이끌고 내려오자 싸움은 쉽게 끝나지 않았다.

• 대야성 : 지금의 경남 합천군
• 진례성 : 지금의 경북 청도군
• 조물성 : 지금의 경북 안동시, 혹은 상주시 부근

후백제 군사들은 조물성을 무너뜨리지 못하고, 이듬해 고려와 서로 인질을 교환하고 화친을 맺었다. 그러나 볼모로 간 진호가 고려에서 병으로 죽자, 고려에서 죽인 것으로 의심한 견훤은 왕건이 보낸 볼모 왕신을 죽이고 군사를 내어 고려를 공격했다. 일시적인 화해가 곧 깨졌다.

견훤이 신라 경애왕을 죽게 하고 고려 왕건에 승리하다

견훤은 군사들을 이끌고 삽시간에 ˙근품성을 공격하여 불태워 버리고 ˙고울부를 습격하였다. 신라의 경애왕은 형세가 위급해진 것을 알고 고려에 사신을 보내 군사를 요청했다.

"즉시 1만여 명의 군사를 보내 그대의 나라를 구해 줄 테니 걱정 말고 돌아가도록 하라."

왕건은 후백제와 싸울 것을 각오하고 있었다.

신라의 사신은 곧 돌아가, 경애왕에게 이 사실을 알렸다.

"무척 반가운 소식이로다. 고려가 우릴 도와준다니 이젠 살았다. 마침 날씨도 따뜻하여 봄날과 같으니 포석정에나 나가 볼까?"

경애왕은 신하들과 포석정으로 나갔다.

놀이는 무르익어갔다. 흐르는 물 위로 술잔이 천천히 미끄러져 갔다. 경애왕이 먼저 술잔을 받아 마셨다. 신하들은 술잔이 자기 앞에 오면 받

˙근품성 : 지금의 경북 상주시
˙고울부 : 지금의 경북 영천시

• 포석정

　고려에게 도움을 보장받고 마음을 놓은 경애왕은
포석정에서 연회를 열다가 견훤에게 붙잡히고 말았다.

아 마셨다. 물 위에는 술잔이 계속 천천히 미끄러져 갔다.

　왕건이 금성으로 오고 있다는 소식을 들은 견훤은 왕건보다 먼저 금성으로 들어가려고 새벽 어스름이 문살에서 채 사라지기도 전에 군사들을 이끌고 고울부를 떠났다. 금성의 남산 밑에 도착한 후백제 군사들은 앞으로 나아가는 것을 멈추었다.
　"자, 너희들은 각자 흩어져서 금성 안을 살펴보고 오너라."
　견훤이 군사들에게 명령했다.
　후백제 군사들은 금성 안을 샅샅이 살폈다.

　"상감마마, 금성 안은 텅 비어 있습니다."
　"그럼 모두 어디를 갔단 말이냐?"
　"포석정으로 놀러 갔다 합니다."
　"포석정으로……?"
　견훤은 벌어진 입을 다물지 못했다. 경애왕을 사로잡을 좋은 기회라고 생각했다.
　견훤이 이끄는 후백제 군사들은 포석정으로 쳐들어갔다. 놀이에 열중해 있던 경애왕과 그의 왕비 그리고 신하들은 갑자기 들이닥친 후백제 군사들에게 변변한 저항 한 번 해 보지 못하고 붙잡혔다.

　견훤은 잡혀 온 경애왕에게 스스로 목숨을 끊게 하였다. 그리고 그는 억지로 왕비를 끌어다가 강간을 했다. 그는 경애왕의 친족 아우뻘 되는 김부가 왕위를 잇게 했다.

견훤은 경애왕의 아우 효렴과 재상 영경을 사로잡고, 또한 창고에 들어 있는 진귀한 보물들과 무기를 빼앗고, 자녀들과 온갖 장인들 가운데서 숙련공들을 직접 데리고 갔다.

왕건은 정예 군사 5천 명을 거느리고 *공산 아래에 진을 치고 있다가 귀로에 오른 견훤의 군사들을 맞아 한바탕 전투를 벌였다. 전투는 후백제 군사들의 승리로 끝났다.

왕건 휘하의 장군 김낙과 신숭겸을 비롯한 많은 군사들이 목숨을 잃었다. 왕건은 가까스로 몸만 빠져 나와 위기를 모면했다.

견훤은 이긴 기세를 타서 *대목성, *경산부, *강주를 휩쓸어 약탈하고, *부곡성을 공격하여 1천여 명을 죽였다. 의성부의 태수로 있던 홍술이 대항하여 싸우다가 목숨을 잃었다. 이 소식이 왕건에게 전해졌다.

"나는 이제 오른쪽 손을 잃었구나."
왕건이 슬피 울었다.

• 공산 : 지금의 대구시 팔공산
• 대목성 : 지금의 경북 칠곡군
• 경산부 : 지금의 경북 성주군
• 강주 : 지금의 경남 진주시
• 부곡성 : 지금의 경북 군위군

견훤의 세력이 약해지자 아들이 왕위를 찬탈하다

견훤이 *고창군을 공격하려고 군사들을 대규모로 동원하여 석산에다 진지를 구축했다. 왕건은 견훤의 진지와 백 보가량 떨어져 그 고을 북쪽에 있는 병산에 진을 쳤다. 여러 번 싸워서 견훤이 패배했다. 왕건은 견훤의 시랑侍郞인 김악을 사로잡았다. 이튿날 견훤이 군사를 거두고 순주성을 습격하였다. *순주성의 성주 원봉은 견훤의 군사들을 막지 못하고 밤에 성을 버리고 도망쳤다.

"이런 죽일 놈!"

왕건은 몹시 화가 났다.

"……."

신하들은 고개를 수그린 채 아무 말도 못했다.

"지금부터 순주의 격을 낮춰 하지현으로 부르도록 해라."

왕건이 숨을 가쁘게 몰아쉬었다.

견훤의 신하 공직이 왕건에게 투항해 왔다. 그는 용감하고 지략이 있는 사람이었다. 화가 난 견훤은 공직의 두 아들과 딸 하나를 잡아다 그들의 다리 힘줄을 불로 지져 끊어버렸다.

그해 가을에 견훤이 일길을 시켜 수군으로 고려의 예성강변을 침입하여 사흘 동안 머물며 염주, 백주, 진주 세 주의 배 1백 척을 불살라 버리고 돌아갔다.

• 고창군 : 지금의 경북 안동시
• 순주성 : 지금의 경북 영주시 순흥읍

견훤이 왕건이 *운주에 주둔하고 있다는 말을 듣고, 우수한 군사들만 선발하여 부랴부랴 운주를 향해 떠났다. 왕건의 진영에 아직 도착하지 못했을 때에 장군 유금필이 굳센 기병으로 공격하여 견훤의 군사 3천 명 목을 베었다. *웅진 이북의 30여 성이 이 소문만 듣고 왕건에게 항복해 왔다. 이어서 견훤 휘하의 술객인 종훈과 의사인 훈겸과 날랜 장수 상달, 최필 등이 왕건에게 항복했다.

"내가 신라 말년에 후백제란 이름을 내걸고 나라를 세운 지 여러 해가 되었다. 고려보다 갑절이나 군사가 많은데도 불구하고 오히려 불리하기만 하니 아마 하늘이 고려의 손을 들어 주는가 보구나. 고려 왕에게 귀순하여 목숨을 보전해 보는 게 어떻겠느냐?"

견훤이 세 아들들에게 말했다.

"안 됩니다."

신검이 말했다.

"절대 안 됩니다."

용검이 말했다.

"너의 생각은 어떠하냐?"

견훤이 눈을 지그시 감았다.

"저도 형님들과 같은 생각입니다."

양검이 말했다.

• 운주 : 충남 홍성군
• 웅진 : 지금의 충남 공주시

"차차 더 생각해 보기로 하자. 그만 물러들 가라."

세 아들이 물러가자, 견훤은 잠자리에 들었다. 좀처럼 잠이 오지 않아 엎치락뒤치락 하다가 늦게 잠이 들었다.

멀리 대궐 뜰로부터 고함 소리 같은 것이 들려와, 견훤은 잠이 깨었다.

"이것이 무슨 소리냐?"

견훤이 잠자리에서 일어나며 물었다.

"왕께서 나이가 많아 군대를 지휘하는 일과 나라를 다스리는 일에 어두우므로 장차 맏아들 신검이 아버지의 왕위를 대신하게 되었으므로 여러 장수들이 환영하여 축하하는 소리입니다."

신검이 견훤에게 아뢰었다.

"네 이놈!"

견훤은 신검을 집어삼킬 듯이 노려보았다.

얼마 후 신검은 아버지를 금산사로 옮겼다. 그리고 파달 등 군사 30명으로 하여금 지키게 하였다.

가엾구나, 완산 아이.
아비 잃고 눈물 흘리네.

이런 동요가 후백제 땅을 떠돌기 시작했다.

견훤이 왕건에게 의탁하고 후백제가 멸망하다

견훤은 술을 빚어서 파수 보는 군사 30명에게 먹여 취하게 하고 금산사를 빠져 나와 고려 땅을 향해 도망쳤다.

견훤이 도착하자 왕건은 그 자신보다 나이가 10년 위인 견훤에게 상보라는 존칭을 주고, 남쪽 대궐에서 살게 하였다. 그리고 *양주를 식읍으로 하여 밭과 노비 40명, 말 9필을 주었다. 그리고 후백제 사람으로서 앞서 투항해 온 신강을 견훤이 거처하는 남쪽 대궐의 아전으로 삼았다.

"대왕이 40여 년을 애써서 새로운 나라를 세웠는데 하루아침에 가족의 화난으로 하여 땅을 잃고 고려에 가 붙게 되었소. 무릇 정조 있는 여자는 두 남편에게 허락하지 아니하고 충신은 두 임금을 섬기지 않는다고 했소. 만약 자기의 왕을 버리고 역적 아들을 섬긴다면 무슨 면목으로 세상의 의로운 사람들을 보겠소? 더구나 내 듣자하니 고려의 왕건은 사람이 인후하고 근검하여 민심을 얻고 있다고 하니 이것은 아마도 하늘이 길을 열어 주고 있는 것이 아니겠소. 반드시 삼한의 왕이 될 것이니 글을 우리 왕께 드려 위로하고, 겸하여 왕건에게도 공손하게 처신해 뒷날 돌아올 복을 도모하는 게 어떻겠소?"

견훤의 사위인 장군 박영규가 그의 아내에게 가만히 말했다.

• 양주 : 지금의 서울시와 경기도 양주시 일대

"당신의 말씀은 곧 저의 뜻입니다."

박영규의 아내가 말했다.

"당신이 정의의 깃발을 들고 일어선다면 나는 자원하여 호응함으로써 정의의 군대를 맞이하겠소."

박영규는 은밀히 왕건에게 사람을 보내어 자신의 뜻을 전했다.

"만약 장군의 은혜를 입어 하나로 단합하게 되고 막혔던 길이 통한다면 바로 장군을 먼저 찾아뵌 후에 대청에 올라가 부인께 인사드리리다. 그리하여 형으로 섬기고 한 분은 맏누이로 받들어 반드시 나중에는 후한 보답을 하리다. 천지신명이 이 말을 듣고 있소이다."

왕건이 박영규에게 사례하여 말했다.

견훤은 왕건에게 나아갔다.

"늙은 이 몸이 전하께 몸을 의탁해 온 까닭은 전하의 위엄에 의지하여 역적 자식의 목을 베고 싶어서였소. 삼가 바라옵건대 대왕께서는 날랜 군사를 부려서 반란을 일으킨 적들을 섬멸해 준다면 제가 비록 죽더라도 여한이 없겠소이다."

견훤이 말했다.

"토벌하지 않으려는 것이 아니라, 그 시기를 기다리고 있소이다."

왕건이 대답했다.

왕건은 태자 무와 장군 술희를 시켜 보병, 기병 10만을 거느리고 천안부로 나아가게 하였다.

왕건은 대군을 거느리고 내려와 *천안부에서 합세하여 *일선 땅에 이르렀다. 후백제의 신검도 이를 맞이하여 대항하였다. 양쪽 군사들은 일리천을 사이에 두고 마주 대했다. 왕건의 군대는 동북방을 등지고 서남방을 향해 진을 쳤다.

왕건이 견훤과 더불어 군사들을 둘러보고 있을 때였다. 갑자기 검과 창처럼 생긴 흰 구름이 왕건 군대 쪽에서 일어나 신검 군대 쪽으로 향하여 갔다. 고려 10만 대군은 북을 치면서 앞으로 나아갔다. 신검의 후백제 군사들은 고려 군사들의 위세에 눌려 사기가 크게 저하되었다. 후백제 장군 효봉, 덕술, 애술, 명길 등이 갑옷을 버리고 고려 군사 진영으로 항복해 왔다.

"잘 왔도다. 그래, 신검은 어디에 있소?"

왕건이 물었다.

"신검은 중앙 부대에 속해 있습니다."

효봉이 대답했다.

이 전투에서 후백제의 장군 흥간, 견달 등을 비롯하여 3천 3백 명의 군사가 사로잡혔고, 5천 7백 명이 전사하였다. 군대의 대오가 무너지자, 후백제 군사들은 흩어져 달아나기 시작했다.

고려군이 후백제 군사들을 뒤쫓기 시작해 황산에 이르렀을 때, 신검은

• 천안부 : 지금의 충남 천안시
• 일선 : 지금의 경북 구미시

두 아우와 장군 부달, 능환 등 40여 사람과 함께 와서 항복하였다. 이로써 936년 후백제는 멸망하였다. 견훤이 군사를 일으켜 나라를 세운지 45년 만의 일이었다. 그 뒤 신검·양검·용검 등은 한때 목숨을 부지하였으나, 얼마 뒤에 모두 살해되었다. 견훤 또한 우울한 번민에 쌓인 생활을 하다가 창질이 나 ˙황산의 절에서 죽었다.

한층 더 깊이 읽기   견훤이 왕건에게 패한 이유

견훤의 정치가로서의 특징은 일찍부터 외교 면에 눈을 돌렸다는 점과 국제 관계의 변동에 큰 관심을 보였다는 점이다. 그러나 견훤은 신라의 벼슬아치로서 출발해 세력 기반을 다졌기 때문에 왕건에게 패배할 수밖에 없는 한계를 지니고 있었다. 그는 왕건처럼 지방에 확실한 근거를 두지 못하고 있었던 게 후삼국 통일에 실패한 가장 큰 원인이었다.

• 황산 : 지금의 충남 논산시

2. 궁예와 태봉국의 흥망

궁예가 신라 왕족으로 태어나 버림받다

궁예의 아버지는 신라 제47대 헌안왕이고, 어머니는 이름이 알려져 있지 않은 궁녀였다고 한다. 혹은 제48대 경문왕의 아들이라고 하기도 한다. 그 어느 쪽이 사실인지 분간하기 어렵다. 아무튼 성이 김씨인 그는 신라의 진골 왕족으로 서자 출신 왕자임에는 틀림없다고 볼 수 있다. 그는 5월 5일에 외가에서 태어났다. 그때 지붕 위에 흰 빛이 마치 긴 무지개처럼 위로 하늘에 닿아 있었다.

"이 아기는 중오일음력 5월 5일에 태어났고 나면서부터 이가 있었으며, 게다가 태어날 때 이상한 빛이 감돈 것으로 보아 범상하지 않으니 장차 나라에 이롭지 않은 일이 생길까 두렵습니다. 이 아기는 기르지 않는 것이 옳은 줄 아뢰오."

일관이 왕에게 아뢰었다.

왕은 궁중의 사자를 시켜 그 집에 가서 그 아이를 죽이게 하였다. 궁녀의 집으로 달려간 궁중의 사자는 포대기에 싸인 아기를 빼앗아서 다락 아래로 던져 버렸다. 그런데 이때 유모가 몰래 다락 밑에 숨어 있다가 아기를 얼른 받았다. 그때 잘못하여 손가락으로 아기의 눈을 찔러 한쪽 눈이 멀게 되었다.

유모는 아기를 안고 허둥지둥 달아나 멀리 시골에 숨어 버렸다. 궁예는 신라 왕족이었으나, 왕실의 내분으로 태어날 때부터 어려움을 겪게 되었다.

세상 사람들의 눈을 피해 시골로 숨은 유모 밑에서 커가던 궁예는 어느덧 10세가 되었다. 궁예는 장난이 심했다.

"도련님은 신라 왕족의 피를 이어받은 고귀한 신분입니다. 그런데 임금님은 도련님을 죽이려고 하였습니다. 도련님이 임금님의 버림을 받았을 때에 제가 차마 그를 보지 못하여 몰래 도련님을 길러 오늘에 이르렀는데, 도련님의 심한 장난이 이와 같으니 반드시 다른 사람들이 알게 될 것입니다. 그렇게 되면 도련님과 나는 함께 화를 면치 못하게 될 것이니 이를 어찌 하면 좋겠습니까?"

유모가 궁예를 바라보며 말했다.

"만일 그렇다면 제가 어디론지 멀리 떠나가서 어머니의 근심이 되지 않게 하겠습니다."

궁예가 울면서 말했다.

자신의 출생 비밀을 알게 된 궁예는 신라 왕실에 대한 증오와 분노가 들끓었다. 그는 곧바로 세달사로 가서 머리를 깎고 승려가 되어 스스로 선종善宗이라 하였다. 그는 점점 자라나 승려의 계율에 구애받지 않고 종잡을 수 없었으며 담력이 있었다.

신라가 쇠약해진 틈을 타 궁예가 기회를 잡다

어느 날이었다. 절에서 재齋를 올리고 있었다. 궁예는 바리때를 들고 법당으로 걸어가고 있었다. 까마귀가 웬 물건을 물고 와서 그의 바리때에 떨어뜨렸다. 그가 그것을 집어 보았다. 상아 조각에 '왕王' 자가 씌어져 있었다. 그는 비밀에 부쳐 말하지 않고 자못 마음속으로 자부심을 가졌다.

이 이야기는 궁예가 사람들을 끌어 모으기 위해 퍼트린 말로 보이지만, 그때부터 그는 불교 경전 공부보다는 산과 들로 뛰어다니며 무술을 익히기에 열중하였다.

당시의 신라 왕실은 극도로 쇠약해져 정치가 거칠어지고 지방에서는 호족들이 대두하였다. 거듭되는 흉년으로 나라의 창고가 텅 비게 되자 국가에서는 과도하게 세금을 독촉했다. 그러자 백성들이 흩어져 도적 떼로 변하여 이곳저곳에서 벌떼처럼 일어났다.

궁예는 기회가 왔다고 생각했다. 그는 이 어지러운 때를 타고 무리를 끌어모으면 자신의 뜻대로 할 수 있으리라 생각하였다. 마침내 그는 *죽주의 도적 우두머리 기훤箕萱을 찾아갔다. 그는 기훤에게 몸을 의탁하여 뜻을 꾀해 볼 생각이었다. 그러나 기훤은 그를 괄시했다. 기훤은 오만하기만 할 뿐 큰 그릇이 못되었다. 그는 이듬해 ˙북원의 양길을 찾아갔다. 양길은 첫눈에 그가 비범한 인물이라는 것을 알아차렸다. 양길은 그를 후하게 대우해 주며 모든 일을 맡겼다.

궁예는 군사를 이끌고 치악산의 석남사로 나가 머무르면서 ˙주천, ˙내성, ˙울오, ˙어진 등 여러 현과 성을 정복하고 ˙명주에 이르렀다. 이때 그의 군사는 3천 5백 명이나 되었다. 그는 이들을 14대隊로 편성하여 그의 세력 기반으로 삼았다.

궁예는 군사들과 고생과 즐거움을 함께 하면서 빼앗은 전리품을 결코 탐하지 않고 골고루 부하들에게 나누어 주었다. 그는 공평하여 사사로이 하지 않았다. 이 때문에 여러 사람들이 그를 마음속으로 두려워하고 사랑하여 그를 장군으로 추대하였다. 이를 기반으로 하여 ˙저족, ˙생주, ˙부약, 철원 등을 점령하였다. 많은 적의 무리들이 궁예에게로 와서 항복하였다.

• 죽주 : 지금의 경기도 안성시 죽산면
• 북원 : 지금의 강원도 원주시
• 주천 : 강원도 영월군 주천면
• 내성 : 지금의 강원도 영월군
• 울오 : 지금의 강원도 평창군
• 어진 : 지금의 경북 울진군
• 명주 : 지금의 강원도 강릉시
• 저족 : 지금의 강원도 인제군
• 생주 : 지금의 강원도 화천군
• 부약 : 지금의 강원도 금화군

신라의 왕족으로 태어난 궁예는 버려져 신라에 증오를 가지고 있었다.

궁예가 후고구려왕을 자칭하며 신라에 복수를 다짐하다

궁예는 무리가 많아졌으니 나라를 열어 임금이라고 일컬을 만하다고 생각하고, 안팎의 관직을 설치하기 시작하였다. 그때 왕건이 송악군에서

• 송악군 : 지금의 경기도 개성시

와 투항하자, 곧 바로 철원군 태수 자리를 수여하였다.

궁예는 송악성을 수리하고, 왕건을 정기대감으로 삼아 양주楊州와 견주
見州를 치게 하였다. 그 해 가을, 송악산 아래에서 처음으로 팔관회를 열었
다. 팔관회는 예부터 부처님에게 광명을 얻자는 뜻으로 왕과 백성들이 추
수가 끝난 다음 하늘에 제사를 드리는 풍습이었다.

그 이듬해에도 광주, 춘주, °당성, °청주, °괴양 등을 평정하였다. 이로써
궁예는 소백산맥 이북의 한강 유역 전체를 지배하게 되었다. 그는 그 공
을 높이 사, 왕건에게 아찬의 벼슬을 주었다.

효공왕 5년인 901년, 궁예는 스스로 후고구려왕이라 칭하고 고구려의
계승자임을 자처하였다.

조금 더 알아보기   옛 고구려 유민들의 생각을 대변한 궁예

『삼국사기』에서는 그가 세상에 태어나자마자 신라로부터 버림받은 것을 원망하
였기 때문에 사사로운 원한과 감정에서 신라에게 보복을 결심했다고 했다. 그가
신라에 대해 개인적은 감정을 지니고 있었던 것은 어느 정도 사실이겠으나, 북
쪽의 고구려 옛 땅을 찾겠다고 나선 것은 옛 고구려 유민들이 갖고 있던 생각을
대변했다고 볼 수 있다.

• 당성 : 지금의 경기도 화성시 남양읍
• 청주 : 지금의 충남 아산시 온양읍
• 괴양 : 지금의 충북 괴산군

"지난날 신라는 당나라에 군사를 청하여 고구려를 멸망시킨 이후로 옛날 평양의 옛 서울은 사냥터가 되어 풀과 나무가 우거지게 되었다. 내 반드시 고구려를 위해 원수를 갚을 것이다."

궁예는 항상 이렇게 말하곤 하였다.

나라 이름을 태봉국으로 고친 궁예가 미치다

궁예가 왕위에 오른 지 3년째 되는 해, 그는 나라 이름을 마진摩震, 연호를 무태武泰라 했다.

"철원은 내가 맨 먼저 본진을 설치하고 벼슬을 내렸던 땅이오, 이제 나라의 틀을 잡았으니 서둘러 그곳에 대궐을 짓고, 송악의 백성들을 그곳으로 옮겨 살도록 하시오."

궁예가 수도를 송악에서 철원으로 옮길 준비를 서두르라고 명령했다.

"알겠습니다."

신하들은 수도를 옮기는 일에 너도나도 매달렸다. 백성들과 군사들이 총출동하여 산속의 나무를 자르고 운반했다. 그뿐만이 아니었다. 돌과 흙을 운반하고, 궁궐터를 닦고, 도로를 닦았다.

공사가 시작된 지 1년 만에 궁궐이 완성되었다.

궁예는 나라 이름을 태봉泰封이라고 고치고, 연호를 수덕만세水德萬歲 원년이라고 했다. 그는 주체성이 강한 정치가였다. 뿐만 아니라 철저하게 신라에 반대하는 정책을 썼다. 그는 신라를 고구려의 원수라 하여 철저한 보복을 맹세했다.

그는 *흥주 부석사에 갔을 때 벽에 그려진 신라 왕의 영정을 칼로 쳐서 칼자국을 남겼다. 그는 신라를 집어삼킬 꿈을 꾸고 있었다.

궁예는 나라 이름을 태봉으로 고친 이후부터 차츰차츰 싸움터에서 고생하던 때의 일을 잊어버리고 사치를 부리기 시작했다. 뿐만 아니라 그는 스스로 미륵부처라고 일컬어 머리에는 금고깔을 쓰고 몸에는 누런 황포를 둘렀으며, 맏아들을 청광보살, 막내아들을 신광보살이라고 하였다. 밖에 나갈 때는 은으로 만든 안장에 갈기와 꼬리까지 금색 실로 장식한 흰말을 탔다. 소년소녀들로 하여금 햇빛을 막는 일산과 향과 꽃을 받들고 앞에서 인도하게 했다. 그의 뒤에는 가사 장삼을 입은 승려 200명이 불경을 외우며 따랐다.

궁예는 직접 불경을 20여 권 지었다.

"나는 미륵불이다. 나는 사람의 마음까지 꿰뚫어 보는 신통력을 가지고 있다."

궁예는 이렇게 말했다. 그뿐만이 아니었다. 그는 가끔 단정하게 앉아서 불경을 강론하기도 했다.

"모두 요사스러운 말이요 괴이한 이야기로, 가르침 받을 만한 것이 못 된다."

승려 석총이 말했다.

• 흥주 : 지금의 경상북도 영주시

"뭣이 내 말이 요사스럽다고? 그 중놈을 당장 잡아와라."

궁예는 부들부들 떨며 소리쳤다.

석총이 밧줄에 꽁꽁 묶여 궁예 앞에 끌려왔다.

"내 강론이 괴이한 이야기로 가르침 받을 만한 것이 못된다고?"

궁예가 석총을 노려보며 말했다.

"그렇소이다."

석총이 짧게 대답했다.

"저 중놈을 쇠몽둥이로 쳐 죽여라!"

궁예가 소리쳤다.

궁예는 자기 비위에 거슬리는 사람은 아무리 사랑하던 사람이라도 사정없이 칼로 목을 내리치거나 쇠몽둥이로 때려 죽였다.

"대왕마마, 백성을 사랑하셔야 합니다."

왕비 강씨가 눈물을 흘리며 아뢰었다.

"시끄럽다! 또다시 그런 말을 하면 가만 두지 않겠다!"

궁예가 버럭버럭 화를 내며 소리를 질렀다.

궁예는 스스로 미륵의 관심법觀心法을 체득하였다면서 여자들의 사사로운 비밀도 훤히 알 수 있다고 했다. 마침내 그는 길이가 석 자나 되는 쇠꼬챙이를 만들어 두었다가 죽이고 싶은 사람이 있으면 그것을 불에 달구어서 찔러 죽이곤 했다. 끔찍한 일이었다. 모든 백성들은 남자 여자 할 것 없이 공포에 떨었다.

"대왕마마, 어찌 그리도 끔찍한 일을 저지르십니까? 백성들이 공포에 떨고 있습니다."

궁예가 끔찍한 일을 계속하는 것을 보다 못한 왕비 강씨가 나섰다.

"네가 다른 사람과 간통을 하다니 이게 웬 말이냐?"

궁예는 왕비 강씨를 미워했다.

"어떻게 그와 같은 일이 있을 수 있겠습니까?"

궁예의 터무니없는 말에 왕비 강씨는 어이가 없었다.

"내가 신통력으로 보았다."

궁예가 말을 마치고 쇠꼬챙이를 불에 달궜다.

궁예는 불에 달군 쇠꼬챙이를 왕비에게 들이밀었다.

"아바마마, 이게 무슨 일입니까? 어마마마께서 무슨 죄를 저지르셨다고 이러십니까?"

놀란 두 아들이 울음을 터뜨리며 궁예에게 달려들었다.

궁예는 두 아들도 쇠꼬챙이로 죽였다.

"임금이 미쳤다."

신하들은 벌벌 떨며 수근거렸다.

신하들이 궁예를 배신하고 왕건을 왕으로 세우다

철원의 저잣거리에서 장사를 하는 당나라 사람 왕창근에게 머리카락이 온통 하얗게 센 노인 한 사람이 찾아왔다. 그는 옛날 옷을 입고 왼손에는 오지그릇 주발을 들고 오른손에는 오래된 거울을 들고 있었다.

"이 거울을 사겠는가?"

그 노인이 왕창근에게 말했다.

왕창근은 쌀을 주고 거울을 샀다. 그 노인은 쌀을 거리의 거지아이들에게 나누어 주고 난 후 어디론가 사라졌다.

왕창근은 그 거울을 벽 위에 걸어 두었다. 해가 거울에 비치면, 가늘게 쓴 글자가 나타났다. 그는 그것을 읽어 보았다. 옛날 시와 같았다.

상제강자어진마	上帝降子於辰馬
선조계후박압	先操鷄後搏鴨
어사년중이룡현	於巳年中二龍見
일즉장신청목중	一則藏身青木中
일즉현형흑금동	一則顯形黑金東

하느님이 아들을 진마辰馬에 내려 보내어

먼저 닭을 잡고 뒤에는 오리를 치리로다

사巳년 중에는 두 마리 용이 나타나니

한 마리는 푸른 나무 속에 몸을 감추고

다른 한 마리는 검은 쇠 동쪽에 나타난다

• 오지그릇 : 도기陶器. 붉은 빛이 도는 진흙으로 빚어 양지에 말리거나 조금 구운 후에
오짓물을 입혀서 한번 더 구워 만듦

313

왕창근이 처음에는 거울에 글이 쓰여 있는 것을 몰랐다가, 이 글을 발견한 뒤에는 범상한 것이 아니라고 생각하게 되었다. 마침내 그는 이 사실을 궁예에게 아뢰었다.

"범상한 일이 아니로다. 그 거울을 판 임자를 찾아오도록 해라."
궁예는 관련 부서 사람에게 명령했다.

관련 부서 사람들과 왕창근은 그 노인의 모양을 그려서 그 거울을 판 임자를 찾았으나 끝내 찾지 못했다. 다만 발삽사 불당에 있는 진성鎭星 소조상 모습이 그 노인과 닮았다는 사실을 알아냈을 뿐이었다.

"그것 참 괴이한 일이로다. 송함홍, 백탁, 허원 너희들은 듣거라. 거울에 나타나는 글을 해석해 보도록 해라."
궁예가 신하들에게 명령을 내렸다.

"하느님이 아들을 진마에 내려 보냈다는 것은 진한과 마한을 이르는 것이요, 두 마리 용이 나타났는데 한 마리는 푸른 나무 속에 몸을 감추고 하나는 검은 쇠 동쪽에 나타난다는 것은 '푸른 나무'란 소나무인지라 용으로 이름을 지은 송악군 사람의 자손으로서 지금 파진찬 시중을 이르는 것이며, '검은 쇠'란 철을 가리키는 말이니 지금 도읍하고 있는 철원을 이르는 것입니다. 이제 임금이 처음으로 여기서 일어났다가 마침내 여기서 멸망할 징조이며 먼저 닭을 잡고 뒤에 오리를 친다는 것은 파진찬 시중이 먼저 계림^{신라}을 빼앗고 뒤에 압록강을 차지한다는 뜻입니다."

송함홍 등이 서로 일러 말했다.

"지금 임금이 이토록 포악하고 난잡하니 우리들이 사실대로 말하면 우리가 죽을 뿐만 아니라, 파진찬도 죽을 것이다."

백탁이 낮은 목소리로 말했다.

"거짓말을 꾸며 말하도록 합시다."

허원이 송함홍과 백탁을 번갈아 바라보았다.

마침내 장군 홍유, 배현경, 신숭겸, 복지겸 등이 은밀히 모의해, 왕건을 새로운 임금으로 세우기로 하고 1만 명의 군사들을 이끌고 궁궐 문 앞에 도착했다.

궁예는 신하가 아뢰는 급한 말을 듣고 어찌할 바를 모르다가 급기야 변장을 하고 산림 속으로 숨어 들어갔다.

그는 *부양 산길에서 농민에게 붙잡혀 살해되었다.

이상적인 국가를 세워 보겠다고 많은 노력을 기울인 궁예

잦은 전쟁과 잘못된 정치로 혼란스러운 신라 사회에 미륵 신앙이 유행했다. 궁예는 미륵신앙에 정치에 접목하여 백성들의 마음을 사로잡기 시

• 부양 : 지금의 강원도 평강군

315

작했던 것이다. 한때 전국의 3분의 2 가량을 차지하는 등 세력을 떨치며, 광평성을 비롯한 여러 관청을 두고 국가 체제를 정비했다. 궁예는 미륵신앙에 기반을 둔, 이상적인 국가를 세워보겠다고 많은 노력을 기울였다. 궁예가 없었다면 왕건이 혼자서 나라를 세우기는 힘들었을 것이라는 견해도 있다.

한층 더 깊이 읽기

궁예에 대한 진실과 비판적으로 읽을 만한 점

신라의 왕자로 반란군의 두목이 되었다가 후고구려後에 태봉으로 국호를 변경를 세운 궁예弓裔에 관한 기록은 『삼국사기』, 『삼국유사』, 『고려사』, 『동사강목』 등에 남아 있다. 여러 내용들을 검토해 볼 때 궁예가 포악한 행동을 한 것은 사실이다. 하지만 왕건이 떳떳하지 못한 방법으로 궁예를 몰아내고 고려를 세웠다는 것도 부정할 수 없다.

그러나 궁예를 몰아내고 왕건이 고려를 세운 것이 하늘의 뜻이고, 백성의 뜻이라는 것을 강조하기 위하여 고려 사람들이 궁예를 깎아내리려고 했다는 것을 알아야 한다. 『삼국사기』와 『고려사』 등에 기록된 궁예에 대한 기록들은 고려 사람들의 관점에서 쓰인 것으로 비판적으로 읽을 필요가 있다.

• 태봉국의 수도였던 철원을 지나 흐르는 한탄강

2장　신라의 쇠퇴와 멸망

• 경순왕릉
신라 마지막 왕 경순왕릉은 고려 경종 3년인 978년 세상을 떠났다.
경기도 연천군 고랑포에 그 능이 있다.

• 진성여왕이 공주 시절 세웠다고 알려진 담양 개선사지 석등

1. 급격하게 쇠퇴한 신라와 진성여왕

기이한 일이 일어나고 도적 떼가 일어나다

신라 제51대 진성여왕은 신라 시대 세 사람의 여왕 중 마지막 여왕이었다. 그녀의 아버지는 경문왕이고, 어머니는 헌안왕의 맏딸로 뒤에 문의왕후로 봉해진 영화부인 김씨였다.

887년, 진성여왕은 처음 왕위에 올랐을 때는 주州와 군郡에 1년간 세금을 면제해 주고, 황룡사에 백좌강경百座講經을 설치하는 하는 등 나름대로 민심을 추스르려고 노력하였다.

진성여왕 2년인 888년의 봄, 소량리에서 부동석이라는 이름을 가진 큰 바위가 저절로 움직여 자리를 옮겼다.

"나라에 커다란 변란이 일어날 조짐이야."

"여왕이 유모의 남편과 놀아나고 있으니까 장차 하늘이 벌을 주려고 하는 거야."

321

"심상치 않은 징조야."

백성들이 둘만 모이면 수군거렸다.

진성여왕의 유모인 부호부인과 그녀의 남편인 잡간 위홍 등이 정치를 마음대로 쥐고 흔들었다.

도적들이 벌떼처럼 일어났다. 백성들은 나라의 앞날을 걱정했다.

「분원시」 – 억울한 누명을 쓴 왕거인의 시

각간 위홍魏弘으로 하여금 대구화상大矩和尙과 함께 향가를 수집 · 편찬하게 하여 『삼대목三代目』이라는 향가집을 만들었다. 숙부이자 남편이던 상대등 위홍이 죽자, 진성여왕이 잘생긴 남성들을 사귀면서 차츰 나라를 다스리는 일을 등한시하기 시작했다. 정치 기강이 문란해졌고, 나라꼴은 더욱 엉망이 되어갔다.

누군가가 다라니주문로 은어를 지어 길바닥에 던져 두었다.

남무망국 찰니나제 판니판니소판니 우우삼아간 부이사바하

南無亡國 刹尼那帝 判尼判尼蘇判尼 于又三阿干 鳧伊娑婆訶

"이게 무슨 소리야……. 음…. '찰니나제'는 상감마마를 가리키는 말인 것 같고, '판니판니소판니'는 두 소판을 가리키는 것 같고…. '우우삼아간'은 서너 명의 충신을 말하는 것 같은데……. '부이'는 바로 상감마마의 유모를 가리키는 말이 아닌가?"

"큰일 날 소리군!"

권세를 잡고 있던 신하들은 이것을 진성여왕에게 바쳤다.

"이것은 왕거인의 짓에 틀림없습니다. 그가 아니고는 이런 글을 지을 사람이 없습니다."

간신들이 들고 일어났다.

그들은 덕이 높은 학자인 왕거인을 두려워하고 있었다. 왕거인은『전당시』에 신라국의 은사隱士라고 되어 있다. 이 기회에 그들은 왕거인에게 죄를 뒤집어씌워 죽이려는 음모를 꾸몄던 것이다.

"왕거인을 잡아들이도록 하라."

대야주에 은거하고 있던 문인인 왕거인王巨人이 진성여왕의 명령에 따라 금성으로 끌려왔다.

왕거인은 감옥에 갇히는 신세가 되었다. 그가 아무리 생각해 봐도 너무나 억울했다. 시골에서 숨어 살며 책을 읽으며 글을 쓰는 자신을 잡아다 가두다니. 그는 시를 지어 하늘에 억울함을 호소했다.『삼국사기』에 실려 있는 칠언 절구「분원시憤怨詩」는 다음과 같다.

• 대야주 : 지금의 경상남도 합천군

우공통곡삼년한	于公慟哭三年旱
추연함비오월상	鄒衍含悲五月霜
금아유수환사고	今我幽愁還似古
황천무어단창창	皇天無語但蒼蒼

우공이 통곡을 하니 삼년이나 가뭄이 들고

추연이 원한을 품자 오월에 서리가 내렸네.

오늘 내 이 처지 옛일과 같은데

하늘도 무심하지, 다만 푸르디푸르기만 하구나.

조금 더 알아보기 「분원시」에 나타난 우공은 누구일까?

우공于公은 중국 한나라 시대 사람으로 옥사獄事를 잘 처리하는 것으로 이름이 났었다. 동해에 사는 주청이라는 여자가 시누이 때문에 시어머니를 죽였다는 누명을 쓰고 태수에 의해서 억울하게 사형을 당했다. 우공이 이 송사를 바로잡으려고 노력했으나 뜻대로 되지 않았다.

이에 우공이 주청의 무덤을 찾아가서 시를 지어 위로하면서 그대의 결백함은 하늘이 알고 있다고 하자 그 후로 3년 동안이나 비가 내리지 않았다는 것이다. 그리고 '추연'은 중국 전국 시대 제齊나라 사람으로 변방을 다스려서 그 공을 인정받고 소왕의 스승으로 존경을 받고 소왕이 죽고 혜왕이 왕위에 오르자 미움을 받아 감옥에 갇히게 되었다. 이에 하늘도 그 억울함을 알아서 5월에 서리가 내렸다고 한다. 갑자기 벼락이 감옥을 내려쳤고, 문짝이 무너져 내렸다.

갑자기 구름이 끼고 벼락이 치며 우박이 쏟아져 내렸다. 벼락이 감옥을 때려 문짝이 부서졌다는 소식을 들은 진성여왕은 두려움에 휩싸여 왕거인을 풀어 주도록 했다.

진성여왕이 왕위를 물려주고 물러나다

889년, 국내의 여러 주州와 군郡에서 세금을 바치지 않아 창고들이 텅텅 비고 나라의 재정이 궁핍하였다. 진성여왕이 주와 군으로 사신을 파견하여 세금을 내도록 독촉하였다. 이로 말미암아 전국의 도처에서 도적들이 벌떼처럼 일어났다. 이때에 원종과 애노 등이 ˙사벌주에서 웅거하여 반란을 일으켰다.

진성여왕이 나마 영기令奇에게 명하여 반란군을 사로잡게 하였다. 영기는 반란군의 보루를 바라보고 겁을 집어먹고 앞으로 나가지 못했다. 촌주村主 우련이 힘껏 반란군과 싸우다가 죽었다. 진성여왕이 칙명勅命을 내려 영기의 목을 베고, 나이가 10여 세에 불과한 우련의 아들로 하여금 아버지의 뒤를 이어 촌주가 되게 하였다.

진성여왕 5년인 891년, ˙북원의 적당敵黨 우두머리 양길이 자기 부하 궁예를 보냈다. 궁예는 말을 타고 싸우는 병사인 기병騎兵 100여 명을 거느리고 북원 동쪽의 마을과 명주 관내 주천 등 10여 군·현을 습격하였다.

• 사벌주 : 지금의 경북 상주시
• 북원 : 지금의 강원도 원주시

이듬해인 892년에 *완산의 적당 우두머리 견훤이 완산주에 웅거해 후백제라고 스스로 칭하였다. *무주 동남쪽의 군·현들이 항복하여 붙었다.

진성여왕 10년인 896년, 도적들이 나라 서남쪽에서 일어났다. 그들은 바지를 붉게 하여한 것으로 스스로 표식을 하였다. 사람들은 그들을 '적고적赤袴賊'이라고 불렀다. 그들은 주와 현들을 도륙하고, 수도 금성의 서부 모량리까지 와서 민가들을 위협하여 약탈해 갔다.

다음해 897년 여름, 진성여왕이 측근들을 불렀다.
"최근 몇년간에 백성들이 곤궁하여지고 도적들이 도처에서 벌 떼처럼 일어나니, 이는 내가 덕이 없기 때문이다. 어진 이에게 왕위를 물려줄 나의 뜻이 결정되었노라."
진성여왕이 침통한 목소리로 말했다.

진성여왕은 왕위를 헌강왕의 서자인 요에게 전하였다. 그가 바로 효공왕이다.

국토의 대부분을 빼앗은 반란군과 지방 호족
진성여왕은 왕위에 오른 직후 죄수들을 사면하고, 모든 주·군의 조세를 1년 동안 면제하고 불경 강해를 여는 등 민심 수습에 힘썼다. 왕위에

• 완산 : 지금의 전북 전주시
• 무주 : 지금의 광주광역시

오른 지 3년째 되던 해인 889년 여러 주·군에서 세금을 내지 않아, 국가의 재정이 고갈되기 시작했다. 진성여왕이 국가 재정의 확보를 위해 신하를 보내 독촉하자 지방 곳곳에서 도적 떼가 생겨나고 반란이 일어났다. 급기야 국토의 대부분을 반란군과 지방 호족에게 빼앗기면서 국력이 급격하게 쇠퇴했다.

• 견훤이 근거지로 삼았던 전주

2. 신라의 멸망과 경순왕

왕건에게 마음이 기울어진 경순왕

경순왕은 견훤에 의해 왕위에 올랐다. 그의 이름은 김부(金傅)였고, 이찬 효종의 아들이었다. 견훤의 강요에 의해 스스로 목숨을 끊은 경애왕의 시체를 운반하여 서쪽 대청에 모시고 여러 신하들과 함께 서럽게 울었다.

경순왕은 두려움 속에 하루하루를 보냈다. 언제 견훤이 달려와 자기를 죽이고 다른 사람을 왕으로 세울지 알 수 없기 때문이었다. 그는 난폭한 견훤보다는 왕건 쪽으로 마음이 기울고 있었다.

왕건은 50여 기병을 거느리고 신라 수도 금성에 이르러 경순왕을 배알하기를 청했다. 그는 신하들을 거느리고 교외에서 왕건 일행을 맞아들였다. 길거리에 늘어선 신라 백성들은 왕건을 마치 자기네 임금처럼 환영하였다. 그는 대궐로 들어와서 왕건 일행에게 정과 예를 다하고 임해전에서 잔치를 베풀었다.

"내가 하늘의 도움을 받지 못하여 점점 환란을 초래하게 하여 견훤이 불의의 행동을 마음대로 하여 우리 신라를 망하게 하니 이렇게 통분한 일이 어디에 있겠는가?"

술에 취한 경순왕이 눈물을 흘렸다.

좌우에 있는 신하들이 목이 메어 흐느끼지 않는 사람이 없었다.

왕건도 눈물을 흘리며 경순왕을 위로하였다.

왕건은 수십 일 동안 금성에 머무르다가 돌아갔다. 경순왕은 혈성六城까지 나가 전송하고 사촌 되는 유렴을 볼모로 왕건을 수행하게 하였다.

왕건의 부하 군사들은 규율이 엄숙하고 공정하여 백성들을 털끝만큼도 침범함이 없었다.

"지난 날 견훤이 왔을 때는 마치 범이나 이리 떼를 만난 것 같더니 오늘 왕공王公께서 왔을 때는 부모를 보는 것만 같았소이다."

"정말 그렇습니다. 견훤이 왔을 때는 피비린내가 진동했는데, 왕공께서 오자 잔치 음식 냄새가 도성에 가득 찼지 뭡니까."

금성의 남녀들이 서로 즐거워하며 말했다.

그해 가을 왕건은 사신을 보내 경순왕에게 비단과 안장을 갖춘 말을 주고, 아울러 여러 관료와 장병에게도 베와 비단을 차등 있게 나눠 주었다.

'이제 신라는 이빨 빠진 호랑이와 다름없으니 힘 센 편에 붙어 목숨을 부지해야만 살아남을 수 있는데……. 지금은 견훤과 패권을 다투느라 우리 신라에게 호의를 보이고 있지만, 견훤을 무찌르게 되면 다음 차례는 우리 신라가 될 것이다.'

경순왕은 멍 하니 임해전 뜰을 바라보며 생각에 잠겼다.

견훤이 아들 신검에 의해 금산사에 감금당하였다가 탈출하여 왕건에게 로 도망갔다는 소문이 금성의 신라 조정에도 알려졌다.

"그토록 사납던 견훤이 왕건에게 항복을 했답니다."
시랑 김봉휴가 어두운 얼굴로 말끝을 흐렸다.
"이제 우리 신라만 남았군."
경순왕이 혼잣소리처럼 중얼거렸다. 그는 기울어져 가는 나라를 한탄 했다.

경순왕이 왕건에게 항복하다

사방의 영토가 모두 왕건의 차지가 되고, 신라는 점점 약해지고 있었 다. 경순왕은 나라의 장래를 생각했다. 별다른 묘책이 없었다. 마침내 그 는 여러 신하들과 나라의 장래를 의논해야겠다고 결심했다.

임해전 안에는 무거운 공기가 감돌았다.
"견훤이 항복하였다 하오. 이제 왕건이 신검까지 무찌르고 나면, 다음 순서는 우리 신라가 될 것이오. 우리 신라의 국운은 나날이 기울어져 가고 있소. 여러 대신들은 나라의 장래 문제를 어떻게 풀어 나갈 것인가를 진심으로 말해 보시오."

경순왕이 잠시 말을 멈추고 좌우를 돌아보았다.

"……"

아무도 대답하는 사람이 없었다.

"왕건이 우리 신라를 지금처럼 보호해 줄 것 같소? 아니오. 절대로 내버려 두지 않을 것이오. 왕건이 우리 신라를 치러 오기 전에 국토를 들어 왕건에게 항복하는 것이 어떻겠소?"

경순왕이 말을 끝냈다.

"그렇게 하는 것이 옳은 줄 아옵니다."

"아니 되옵니다. 천 년 사직을 하루아침에 고스란히 넘겨줄 수는 없습니다."

서로 눈치를 보며 입을 꾹 다물고 있던 신하들이 마침내 입을 열었다.

"나라가 보존되고 멸망하는 것은 반드시 하늘의 운명에 달려 있는 것입니다. 다만 충신들과 함께 민심을 수습해 스스로 굳건히 하고 힘을 다한 다음에야 그만둘지언정 어찌 1천 년의 역사를 가진 사직을 하루아침에 경솔하게 남에게 넘겨줍니까?"

왕자가 앞으로 나섰다.

"이렇게 외롭고 위태로운 형세로는 도저히 나라를 보전할 수가 없다. 원체 강하지도 못한데다 겸허하지도 못해 아무 죄 없는 백성들을 참혹하

331

게 죽도록 하는 것은 나로서는 차마 할 수 없는 일이다."

경순왕이 눈물을 흘렸다.

"이대로 나라를 내놓아서는 안 됩니다. 최후까지 고려와 싸워야 합니다."

왕자가 비장한 목소리로 말했다.

"끝까지 싸우는 것은 아무 죄 없는 백성들만 죽이는 일이다. 더 머뭇거릴 시간이 없다. 어서 항복하는 글을 쓰라."

경순왕은 김봉휴에게 명령했다.

김봉휴는 체념한 얼굴로 붓을 들었다.

왕자는 눈물을 흘리며 경순왕에게 하직 인사를 하고 임해전을 떠났다. 아무도 그를 따라 가지 않았다. 그는 개골산金剛山으로 들어가 풀뿌리와 나무 열매로 목숨을 이어갔다. 그는 임해전을 떠나올 때부터 삼베옷을 걸치고 있었다. 그래서 세상 사람들은 그를 마의태자麻衣太子라고 불렀다.

경순왕 9년인 935년의 11월, 김봉휴는 항복하는 내용을 담은 편지를 받들고 개경을 향해 떠났다. 편지를 받은 왕건은 섭시중攝侍中 왕철 등을 보내어 경순왕을 맞이하도록 하였다.

경순왕이 신하들을 거느리고 금성을 출발하여 왕건에게로 가는데 향나무 수레와 구슬로 꾸민 말들이 30여 리에 뻗쳤다. 구경꾼들이 담을 두른 것 같았다. 왕건이 교외郊外에 나와 경순왕을 영접하고 위로했다.

신라의 마지막 왕인 경순왕은 고려 왕건에게 항복했다.

고려의 사심관이 된 경순왕

927년 포석정에서 신하들과 함께 놀고 있던 경애왕이 견훤의 습격을 받아 죽임을 당하고 난 다음, 견훤에 의해 경순왕이 왕위에 올랐다. 그는 신라 제56대 왕이자 신라의 마지막 임금이었다. 왕위에 있을 동안 경순왕은 나름대로 신라의 안정을 위해 노력했으나 결국 군신회의君臣會議를 열어

333

이미 기울어진 신라를 고려에 바치기로 결정했다.

왕건은 궁궐 동쪽에 으뜸가는 사택 한 구역을 주어 살게 했다. 그리고 그의 맏딸 낙랑공주를 경순왕의 아내로 주었다. 왕건은 경순왕을 정승공 正承公으로 봉해 지위를 태자 위에 있게 하고 녹봉 1천 석을 주었다. 시종하던 관원들과 장수들을 모두 그대로 채용하였다.

왕건은 신라를 고쳐서 경주라고 하고, 이를 정승공의 식읍으로 주었다. 그리고 그를 경주의 사심관으로 삼았다. 사심관이란 지방을 다스리던 자치기관의 우두머리로, 부역을 고르게 하고 풍속을 바로잡는 일을 맡아보았다.

후삼국 시대의 전개 한눈에 요약하기

| 900년
견훤,
후백제 건국 | 중국 오월, 후당, 일본과 외교 관계 |

| 901년
궁예, 후고구려
(태봉) 건국 | 나라 이름을 태봉으로 고친 이후, 사치를 부리기 시작
왕건에 의해 축출, 산으로 도망했다가 죽음
⇒ 이상적인 국가를 세워 보려고 많은 노력을 기울인 궁예 |

| 918년 | **왕건이 궁예를 몰아내고 고려 건국** |

후백제와 고려의 세력 다툼

- 후백제 견훤, 신라 공격.
- 신라 경애왕, 고려에 도움 요청, 고려의 승낙.
  → 마음을 놓고 포석정에서 연회를 엶.
- 연회를 즐기던 경애왕이 붙잡혀 죽음.
- 후백제 견훤이 경순왕을 왕위에 올림.

후백제와 고려가 다시 세력 다툼 시작

- 후백제 여러 번 패배
  → 후백제 견훤이 항복하려다 맏아들 신검의 반란으로
    금산사에 감금
  → 탈출하여 고려로 도망

| 935년 | **신라 경순왕, 고려에 항복 – 신라 멸망** |

| 936년 | **후백제 신검, 고려에 항복 – 후백제 멸망** |

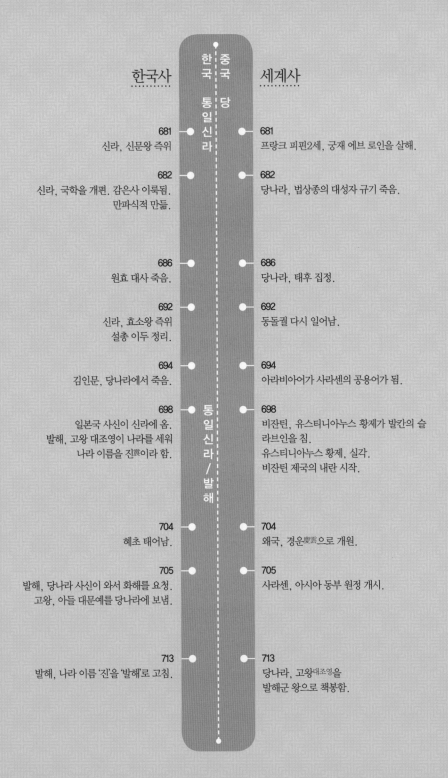

한국사 ·········

중국 당

한국 통일 신라

세계사 ·········

681
신라, 신문왕 즉위

681
프랑크 피핀2세, 궁재 에브 로인을 살해.

682
신라, 국학을 개편. 감은사 이룩됨.
만파식적 만듦.

682
당나라, 법상종의 대성자 규기 죽음.

686
원효 대사 죽음.

686
당나라, 태후 집정.

692
신라, 효소왕 즉위
설총 이두 정리.

692
동돌궐 다시 일어남.

694
김인문, 당나라에서 죽음.

694
아라비아어가 사라센의 공용어가 됨.

통일신라 / 발해

698
일본국 사신이 신라에 옴.
발해, 고왕 대조영이 나라를 세워
나라 이름을 진震이라 함.

698
비잔틴, 유스티니아누스 황제가 발칸의 슬
라브인을 침.
유스티니아누스 황제, 실각.
비잔틴 제국의 내란 시작.

704
혜초 태어남.

704
왜국, 경운慶雲으로 개원.

705
발해, 당나라 사신이 와서 화해를 요청.
고왕, 아들 대문예를 당나라에 보냄.

705
사라센, 아시아 동부 원정 개시.

713
발해, 나라 이름 '진'을 '발해'로 고침.

713
당나라, 고왕대조영을
발해군 왕으로 책봉함.

723

혜초, 당나라 광주廣州에 가서
인디아 중 금강지의 제자가 되고
그의 권유로 배를 타고
인디아로 감.

723

당나라, 법상종의 승려 지주智周 죽음.

726

발해, 대문예로 하여금
흑수말갈을 치게 함.
대문예, 당나라로 망명함.

726

동로마 레오3세, 우상 숭배를 금지.
레오3세가 내린 성상 파괴 명령으로
우상숭배 논쟁이 일어남.

727

신라, 혜초가 서역西域을 거쳐
당나라로 돌아와 『왕오천축국전』을
쓴 듯함.

727

토번, 당나라로 쳐들어감.

731

신라, 일본국 배 300척이
신라 동쪽 변방에 쳐들어왔으나,
이를 크게 무찌름.

731

교황 그레고리우스3세 즉위.
우상파괴파를 파문.

733

당나라가 신라에 발해의 정벌을 요청.
눈이 많이 와서 싸우지 못하고 되돌아 옴.

733

당나라, 발해를 쳐서 이기지 못함.

735

신라, 패강대동강 이남의 영토를
당나라가 승인함.

735

영국, 역사문화사가 베다 죽음.

737

신라 성덕왕 죽음, 효성왕 즉위.
발해 무왕 죽음, 문왕 즉위.

737

당나라 개원율령開元律令의
격식格式을 제정함.

738

당나라 사신, 『노자 도덕경』 등의
책을 신라 왕에게 바침.

738

당나라, 남조南詔의 피라각을
운남왕으로 임명.

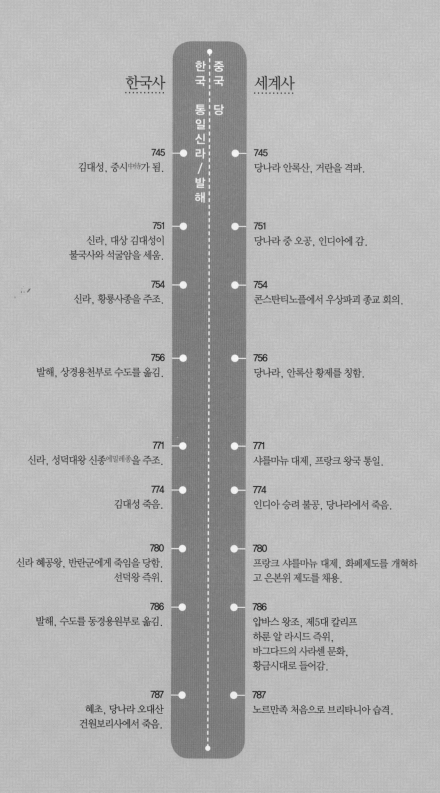

한국사
세계사

한국 중국
통일신라 / 발해 당

745
김대성, 중시中侍가 됨.

745
당나라 안록산, 거란을 격파.

751
신라, 대상 김대성이
불국사와 석굴암을 세움.

751
당나라 중 오공, 인디아에 감.

754
신라, 황룡사종을 주조.

754
콘스탄티노플에서 우상파괴 종교 회의.

756
발해, 상경용천부로 수도를 옮김.

756
당나라, 안록산 황제를 칭함.

771
신라, 성덕대왕 신종에밀레종을 주조.

771
샤를마뉴 대제, 프랑크 왕국 통일.

774
김대성 죽음.

774
인디아 승려 불공, 당나라에서 죽음.

780
신라 혜공왕, 반란군에게 죽임을 당함.
선덕왕 즉위.

780
프랑크 샤를마뉴 대제, 화폐제도를 개혁하
고 은본위 제도를 채용.

786
발해, 수도를 동경용원부로 옮김.

786
압바스 왕조, 제5대 칼리프
하룬 알 라시드 즉위,
바그다드의 사라센 문화,
황금시대로 들어감.

787
혜초, 당나라 오대산
건원보리사에서 죽음.

787
노르만족 처음으로 브리타니아 습격.

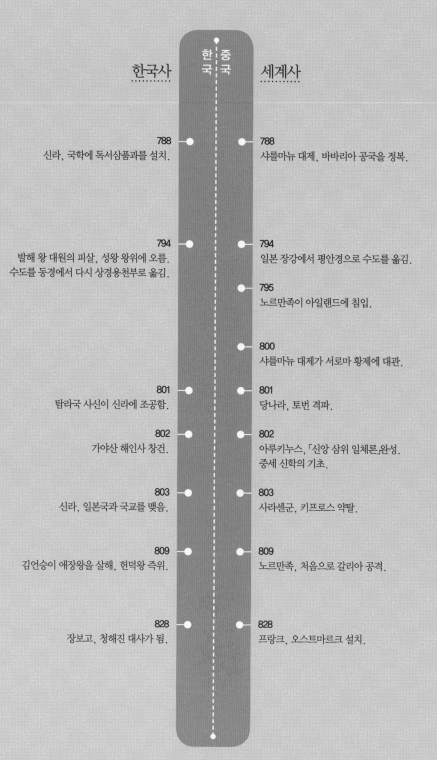

	한국사	한국 중국	세계사

788
신라, 국학에 독서삼품과를 설치.

788
샤를마뉴 대제, 바바리아 공국을 정복.

794
발해 왕 대원의 피살, 성왕 왕위에 오름.
수도를 동경에서 다시 상경용천부로 옮김.

794
일본 장강에서 평안경으로 수도를 옮김.

795
노르만족이 아일랜드에 침입.

800
샤를마뉴 대제가 서로마 황제에 대관.

801
탐라국 사신이 신라에 조공함.

801
당나라, 토번 격파.

802
가야산 해인사 창건.

802
아루키누스, 「신앙 삼위 일체론」완성.
중세 신학의 기초.

803
신라, 일본국과 국교를 맺음.

803
사라센군, 키프로스 약탈.

809
김언승이 애장왕을 살해, 헌덕왕 즉위.

809
노르만족, 처음으로 갈리아 공격.

828
장보고, 청해진 대사가 됨.

828
프랑크, 오스트마르크 설치.

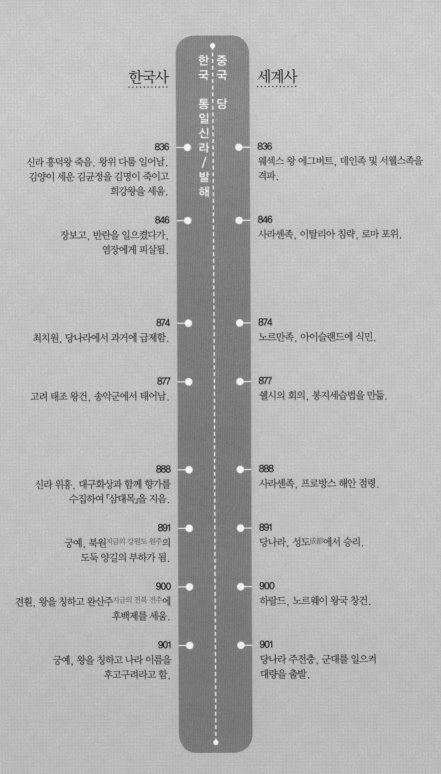

한국사

세계사

한국 중국
통일신라 / 발해 당

836
신라 흥덕왕 죽음. 왕위 다툼 일어남.
김양이 세운 김균정을 김명이 죽이고
희강왕을 세움.

836
웨섹스 왕 에그버트, 데인족 및 서웰스족을
격파.

846
장보고, 반란을 일으켰다가,
염장에게 피살됨.

846
사라센족, 이탈리아 침략, 로마 포위.

874
최치원, 당나라에서 과거에 급제함.

874
노르만족, 아이슬랜드에 식민.

877
고려 태조 왕건, 송악군에서 태어남.

877
쉘시의 회의, 봉지세습법을 만듦.

888
신라 위홍, 대구화상과 함께 향가를
수집하여 『삼대목』을 지음.

888
사라센족, 프로방스 해안 점령.

891
궁예, 북원지금의 강원도 원주의
도둑 양길의 부하가 됨.

891
당나라, 성도成都에서 승리.

900
견훤, 왕을 칭하고 완산주지금의 전북 전주에
후백제를 세움.

900
하랄드, 노르웨이 왕국 창건.

901
궁예, 왕을 칭하고 나라 이름을
후고구려라고 함.

901
당나라 주전충, 군대를 일으켜
대량을 출발.

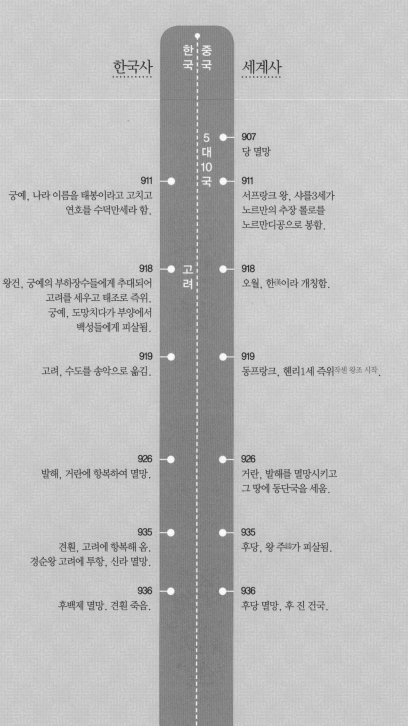

한국사 · 한국 중국 · 세계사

907
당 멸망

5대10국

911
궁예, 나라 이름을 태봉이라고 고치고
연호를 수덕만세라 함.

911
서프랑크 왕, 샤를3세가
노르만의 추장 롤로를
노르만디공으로 봉함.

918
왕건, 궁예의 부하장수들에게 추대되어
고려를 세우고 태조로 즉위.
궁예, 도망치다가 부양에서
백성들에게 피살됨.

고려

918
오월, 한(漢)이라 개칭함.

919
고려, 수도를 송악으로 옮김.

919
동프랑크, 헨리1세 즉위작센 왕조 시작.

926
발해, 거란에 항복하여 멸망.

926
거란, 발해를 멸망시키고
그 땅에 동단국을 세움.

935
견훤, 고려에 항복해 옴.
경순왕 고려에 투항, 신라 멸망.

935
후당, 왕 주(朱)가 피살됨.

936
후백제 멸망. 견훤 죽음.

936
후당 멸망, 후 진 건국.

참고문헌

- 자료 1

1) 『구당서』

2) 『남제서』

3) 『사기』

4) 『삼국사기』

5) 『삼국유사』

6) 『송서』

7) 『신당서』

8) 『위서』

9) 『후한서』

10) 허흥식 편저, 『한국금석전문 · 고대』, 아세아문화사, 1984.

- 자료 2

1) 국사편찬위원회 엮음, 『중국정사조선전 역주 1 · 2』, 국사편찬위원회, 1987.

2) 김무진 · 박경안 편, 『한국사의 길잡이』, 혜안, 1995.

3) 김부식 지음, 이병도 옮김, 『삼국사기』, 을유문화사, 1983.

4) 김부식 지음, 이강래 옮김, 『삼국사기』, 한길사, 1998.

5) 김부식 지음, 고전연구실 옮김, 『삼국사기』, 북한 과학원출판사(영인본), 1958.

6) 김철준 · 최병헌 편저, 『사료로 본 한국문화사 · 고대편』, 일지사, 1993.

7) 사마천 지음, 정범진 옮김, 『사기』, 까치, 1995.

9) 안정복 지음, 민족문화추진회 옮김, 『동사강목』, 민족문화추진회, 1985.

8) 윤세영 편역, 『사료로 본 삼국시대 사회생활사』, 서경문화사, 2007.

9) 이연복 · 윤정일 편저, 『사료 한국사』, 신서원, 1994.

10) 이행 외 지음, 성락훈 외 옮김, 『신증동국여지승람』, 민족문화추진회, 1988.

11) 일연 지음, 이동환 옮김, 『삼국유사』, 삼중당, 1995.

12) 일연 지음, 박성규 옮김, 『삼국유사』, 서정시학, 2009.

13) 일연 지음, 고전연구실 옮김, 『삼국유사』, 북한 과학원출판사(영인본), 1960.

14) 일연 지음, 강인구 · 김두진 외, 『역주 삼국유사 Ⅰ·Ⅱ·Ⅲ·Ⅳ』, 이회문화사, 2003.

15) 전국역사교사 모임, 『사료로 보는 우리 역사 1 전근대편』, 돌베개, 1997.

• 사서류

1) 한국민족문화대백과사전 편찬부 엮음, 『한국민족문화대백과사전』, 한국정신문화연구원, 1997.

2) 한국인명대사전편찬실 엮음, 『한국인명대사전』, 신구문화사, 1980.

3) 이홍직 엮음, 『국사대사전』, 대영출판사, 1977.

4) 동아출판사 백과사전부 엮음, 『동아원색세계대백과사전』, 동아출판사, 1987.

5) 한국고전용어사전편찬위원회 엮음, 『한국고전용어사전』, 세종대왕기념사업회, 1991.

• 단행본

1) 강만길 외 엮음, 『한국사3 · 고대사회에서 중세사회로 1』, 한길사, 1995.

2) 강만길 외 엮음, 『한국사4 · 고대사회에서 중세사회로 2』, 한길사, 1995.

3) 강만길 외 엮음, 『한국사 25 · 한국사 연표 1』, 한길사, 1995.

4) 강종훈 외 지음, 『미래를 여는 한국의 역사 1』, 웅진지식하우스, 2015.

5) 고려대학교 한국사연구실, 『한국사의 재조명』, 고려대학교 출판부, 2002.

6) 국사편찬위원회 엮음, 『한국사 9 · 통일 신라』, 국사편찬위원회, 2013.

7) 국사편찬위원회 엮음, 『한국사 10 · 발해』, 국사편찬위원회, 2013.

8) 국사편찬위원회엮음, 『한국사 11 · 신라의 쇠퇴와 후삼국』, 국사편찬위원회, 2013.

9) 김경탁 외 지음, 『한국문화사대계 6 · 종교철학사』, 고려대민족문화연구소 출판부, 1970.

10) 김상현, 『신라의 사상과 문화』, 일지사, 1999.

11) 김성구 지음, 『중국정사조선전 조선열국전 용어해설 및 주석』, 동문선, 1996.

12) 김상현 지음, 『신라의 사상과 문화』, 일지사, 1999.

13) 김상홍 · 양광석 · 신용호 편, 『한국문학사상사』, 계명문화사, 1993.

14) 김완진 지음, 『향가해독법연구』, 서울대학교 출판부, 1982.

15) 김당택 지음, 『우리 한국사』, 푸른역사, 2013.

16) 김원룡 · 안휘준 공저, 『신판 한국미술사』, 서울대학교 출판부, 1994.

17) 김종우 지음, 『향가문학연구』, 선명문화사, 1974.

18) 김한규 지음, 『요동사』, 문학과지성사, 2004.

19) 노용필 외 지음, 『한국문화사의 이해』, 신구문화사, 2007.

20) 노태돈 외 지음, 『새롭게 본 발해사』, 창작과비평사, 1997.

21) 동북아역사재단 편, 『시민을 위한 한국역사』, 동북아역사재단, 2007.

22) 박노준 지음, 『신라가요연구』, 열화당, 1982.

23) 박병채 외 지음, 『한국문화사대계 5 · 언어문학사』, 고려대민족문화연구소 출판부, 1967.

24) 변태섭 지음, 『한국사통론』, 삼영사, 2007.

25) 삼품창영 지음, 이원호 옮김, 『신라 화랑의 연구』, 집문당, 1995.

26) 서병국 지음, 『고구려인과 말갈족의 발해국』, 한국학술정보, 2007.

27) 서의식 지음, 『뿌리 깊은 한국사 샘이 깊은 이야기 1』, 가람기획, 2015.

28) 송기호 지음, 『발해를 다시 본다』, 주류성출판사, 2008.

29) 송기호 지음, 『발해 사회문화사 연구』, 서울대학교출판문화원, 2012년.

30) 송방송 지음, 『한국음악통사』, 일조각, 1991.

31) 송찬섭 · 홍순권 지음, 『한국사의 이해』, 한국방송대학교 출판부, 2002.

32) 신형식 지음, 『신라사』, 이화여자대학교 출판부, 1993.

33) 신형식 지음, 『통일신라사연구』, 한국학술정보, 2004.

34) 안계현 지음, 『한국불교사연구』, 동화출판공사, 1982.

35) 양주동 지음, 『증정 고가연구』, 일조각, 1980.

36) 위국충 외 지음, 『발해국사』, 동북아역사재단, 2002.

37) 유창균 지음, 『신고국어학사』, 형설출판사, 1979.

38) 윤경수 지음, 『향가 · 여요의 현대성연구』, 집문당, 1993.

39) 윤내현 · 박성수 · 이현희, 『새로운 한국사』, 집문당, 2005.

40) 윤장섭 지음, 『한국의 건축』, 서울대학교출판부, 1996.

41) 이가원 지음, 『한국한문학사』, 민중서관, 1973.

42) 이기백 · 이기동 공저, 『한국사강좌 1 · 고대편』, 일조각, 1992.

43) 이기백 지음, 『한국사신론』, 일조각, 1994.

44) 이기백 지음, 『신라정치사회사 연구』, 일조각, 1974.

45) 이기백 외 지음, 『한국고대사론』, 한길사, 1991.

46) 이기백 지음, 『신라사상사연구』, 일조각, 1994.

47) 이기백 지음, 이기백 지음, 『민족과 역사』, 일조각, 1987.

48) 이기동 지음, 『신라골품제사회와 화랑도』, 한국연구원, 1980.

49) 이동환 외 지음, 『한국문화사대계 4 · 풍속예술사』, 고려대민족문화연구소 출판부, 1970.

50) 이병도 지음, 『한국사 1 · 고대편』, 을유문화사, 1980.

51) 이병욱 지음, 『한국불교사상의 전개』, 집문당, 2010.

52) 이병욱 지음, 『불교사상의 이해』, 운주사, 2016.

53) 이종욱 지음, 『신라의 역사 1 · 2』, 김영사, 2002.

54) 이태진 지음. 『새 한국사』, 까치, 2012.

55) 장덕순 지음, 『한국고전문학의 이해』, 일지사, 1978.

56) 장덕순 지음, 『설화문학개설』, 선명문화사, 1974.

57) 정병조 · 이석호 지음, 『한국종교사상사 Ⅰ · 불교 · 도교 편』, 연세대학교 출판부, 1996.

58) 정상수웅 지음, 김동욱 · 김삼이작 옮김, 『고대한국사』, 일신사, 1975.

59) 조동일 지음, 『삼국시대 설화의 뜻풀이』, 집문당, 1991.

60) 조동일 지음, 『한국문학통사 1』, 지식산업사, 2002.

61) 조윤제 지음, 『한국문학사』, 탐구당, 1986.

62) 차하순 외 지음, 『역사와 문학』, 서강대학교 인문학연구소, 1981.

63) 하현강 지음, 『한국의 역사』, 신구문화사, 1979.

64) 한규철 외, 『발해사의 종합적 고찰』, 고려대학교 민족문화연구원, 2000.

65) 한국사 특강 편찬위원회 엮음, 『한국사특강』, 서울대학교 출판부, 2001.

66) 한국역사연구회 지음, 『한국의 역사』, 역사비평사, 1992.

67) 한국철학회 엮음, 『한국철학사 상』, 동명사, 1987.

68) 한영우 지음, 『다시 찾는 우리 역사』, 경세원, 1997.

누가 봐도 재미있는 김종성 한국사 ❹
– 남북국의 사회와 문화

초 판 1쇄   2018년 03월 27일

지은이 김종성
펴낸이 류종렬

펴낸곳 미다스북스
총   괄 명상완
책임편집 이다경
일러스트 강지혜
마케팅 권순민

등록 2001년 3월 21일 제2001-000040호
주소 서울시 마포구 양화로 133 서교타워 711호
전화 02) 322-7802~3
팩스 02) 6007-1845
블로그 http://blog.naver.com/midasbooks
전자주소 midasbooks@hanmail.net

ⓒ 김종성, 미다스북스 2018, *Printed in Korea*.

ISBN 978-89-6637-564-6 04900
     978-89-6637-558-5 04900(세트)

값 15,000원

「이 도서의 국립중앙도서관 출판예정도서목록(CIP)은 서지정보유통지원시스템 홈페이지(http://
seoji.nl.go.kr)와 국가자료공동목록시스템(http://www.nl.go.kr/kolisnet)에서 이용하실 수 있습니
다.(CIP제어번호: CIP2018008989)」

🏃 미다스북스는 다음세대에게 필요한 지혜와 교양을 생각합니다.